Sommaire

INTRODUCTION 6

1 LA PERCEPTION DES CHOSES 7

1.1 COMMENT LE CERVEAU INTERPRETE CE QUE NOUS VOYONS 7
1.1.1 CE QUE VOUS VOYEZ N'EST PAS CE QUE VOTRE CERVEAU PERÇOIT 7
1.1.2 LES GENS IDENTIFIENT LES OBJETS GRACE A DES MOTIFS 8
1.1.3 IL EXISTE DES PARTIES SPECIFIQUES DU CERVEAU POUR RECONNAITRE LES VISAGES ET TRAITER LES CARACTERISTIQUES SIMPLES 9

1.2 COMMENT NOUS EXPLORONS ET INTERAGISSONS AVEC LES INTERFACES 10
1.2.1 LA VISION PERIPHERIQUE EST PLUS UTILISEE QUE LA VISION CENTRALE POUR COMPRENDRE L'ESSENTIEL 10
1.2.2 LES GENS SCANNENT LES ECRANS SELON LEURS EXPERIENCES PASSEES ET LEURS ATTENTES 11
1.2.3 LES INDICES VISUELS INFLUENCENT NOS ACTIONS 12

1.3 CE QUE LES GENS REMARQUENT OU IGNORENT 13
1.3.1 LES GENS PEUVENT MANQUER DES CHANGEMENTS DANS LEUR CHAMP VISUEL 13
1.3.2 LES GENS CROIENT QUE LES OBJETS PROCHES APPARTIENNENT AU MEME GROUPE 14

1.4 L'IMPORTANCE DES COULEURS DANS LA PERCEPTION 15
1.4.1 ROUGE ET BLEU ENSEMBLE SONT FATIGANTS POUR LES YEUX 15
1.4.2 CERTAINES PERSONNES SONT DALTONIENNES 16
1.4.3 LES COULEURS ONT DES SIGNIFICATIONS DIFFERENTES SELON LES CULTURES 17

2 LA METHODE DE LECTURE 18

2.1 LA RECONNAISSANCE DES MOTS ET DES LETTRES 18
2.1.1 IL EST FAUX DE PENSER QUE LES MOTS EN MAJUSCULES SONT TOUJOURS DIFFICILES A LIRE 18
2.1.2 LA RECONNAISSANCE DES LETTRES A TRAVERS LES POLICES 19

2.2 LA TAILLE ET LA LONGUEUR DES LIGNES INFLUENCENT LA LECTURE 20
2.2.1 LA TAILLE DE POLICE EST CRUCIALE POUR LA LISIBILITE 20
2.2.2 LA LONGUEUR DES LIGNES : EQUILIBRE ENTRE FLUIDITE ET CONFORT 21

2.3 LES LIMITES DE LA PERCEPTION ET LES SCHEMAS COGNITIFS INFLUENCENT CE QUE LES GENS REMARQUENT 22
2.3.1 LES UTILISATEURS PEUVENT MANQUER DES CHANGEMENTS DANS LEUR CHAMP VISUEL 22
2.3.2 LES UTILISATEURS CROIENT QUE LES OBJETS PROCHES APPARTIENNENT AU MEME GROUPE 23

2.4 PREFERENCES ET FLUIDITE DE LA LECTURE   **24**

3 LA MEMORISATION DES ELEMENTS   26

3.1 LA MEMOIRE HUMAINE : FONCTIONNEMENT ET LIMITES   **26**
3.1.1 LA MEMOIRE A COURT TERME ET LES CAPACITES LIMITEES   26
3.1.2 ANCRER LES INFORMATIONS DANS LA MEMOIRE : SCHEMAS ET REPETITION   27
3.2 RECONNAISSANCE ET TRAITEMENT DES INFORMATIONS VISUELLES   **27**
3.2.1 RECONNAITRE DES LETTRES ET DES SCHEMAS DIFFERENTS   27
3.2.2 TAILLE DES POLICES ET IMPACT SUR LA LECTURE   29
3.3 L'IMPACT DES ERREURS ET DES CHANGEMENTS SUR LA MEMOIRE   **30**
3.3.1 LES ERREURS DE MEMOIRE ET LEURS CONSEQUENCES   30
3.3.2 LES LIMITES DE L'ATTENTION ET DE LA PERCEPTION   31
3.4 COMPRENDRE LA MEMOIRE EMOTIONNELLE ET LES SOUVENIRS MARQUANTS   **32**
3.4.1 LA MEMOIRE EMOTIONNELLE : LES SOUVENIRS MARQUANTS   32
3.4.2 LES ERREURS DES SOUVENIRS VIFS ET LEUR INFLUENCE SUR L'EXPERIENCE UTILISATEUR   33

4 LA REFLEXION   36

4.1 TRAITEMENT DES INFORMATIONS MENTALES ET EFFICACITE COGNITIVE   **36**
4.2 LES SCHEMAS MENTAUX ET LEUR ROLE DANS L'INTERFACE UTILISATEUR   **37**
4.3 ATTENTION, MEMOIRE ET INTERACTION COGNITIVE   **38**
4.3.1 LES LIMITES DE L'ATTENTION ET LES DEFIS COGNITIFS   38
4.3.2 LA MEMOIRE DE TRAVAIL ET LA MEMORISATION DES INTERACTIONS   38
4.3.3 INTERACTION COGNITIVE ET ENGAGEMENT DES UTILISATEURS   40
4.4 ORGANISATION COGNITIVE, CATEGORISATION ET APPRENTISSAGE   **41**
4.4.1 LA NECESSITE DES CATEGORIES DANS L'ESPRIT HUMAIN   41
4.4.2 L'APPRENTISSAGE BASE SUR LES EXEMPLES ET LA PRATIQUE   42
4.4.3 L'IMPORTANCE DES SCHEMAS MENTAUX DANS LA CONCEPTION DES INTERFACES   43
4.5 CULTURE ET COGNITION   **44**
4.5.1 LA CULTURE INFLUENCE LA PERCEPTION ET LA PENSEE   44
4.5.2 LES DIFFERENCES CULTURELLES VISIBLES DANS LES INTERACTIONS ET LES DECISIONS   45

5 L'ATTENTION   46

5.1 ATTENTION SOUTENUE ET SIGNAUX SAILLANTS   **46**
5.2 LES UTILISATEURS PRETENT ATTENTION UNIQUEMENT AUX SIGNAUX SAILLANTS   **46**

5.3 INFLUENCE DES ATTENTES ET DES STIMULI EXTERNES SUR L'ATTENTION — 47
5.3.1 Les attentes de fréquence influencent l'attention — 47
5.3.2 Les bruits forts et les stimuli sonores captent l'attention — 48

6 LES SOURCES DE MOTIVATION — 50

6.1 MOTIVATION PERSONNELLE ET OBJECTIFS — 50
6.1.1 Les utilisateurs sont plus motivés à mesure qu'ils se rapprochent d'un objectif — 50
6.1.2 La dopamine stimule la recherche d'informations — 50
6.1.3 Les récompenses intrinsèques sont plus puissantes que les récompenses extrinsèques — 51
6.2 RÉCOMPENSES ET ENGAGEMENT — 52
6.2.1 Les récompenses variables sont efficaces — 52
6.2.2 Ce que les casinos savent — 52
6.2.3 L'imprévisibilité pousse les utilisateurs à chercher plus — 53
6.2.4 Le réflexe pavlovien — 54
6.3 ENGAGEMENT SOCIAL ET DYNAMIQUE COMMUNAUTAIRE — 54
6.3.1 Les normes sociales influencent la motivation des utilisateurs — 54
6.3.2 Les utilisateurs sont naturellement paresseux — 55
6.3.3 Les raccourcis faciles sont recherchés uniquement s'ils sont proposés — 56
6.4 INFLUENCE DES RELATIONS INTERPERSONNELLES — 57
6.4.1 Les utilisateurs perçoivent davantage la responsabilité personnelle que la situation — 57
6.4.2 Les interactions sociales renforcent la cohésion et la motivation — 58
6.4.3 Motivation collective et objectifs communs — 59

7 LES INTERACTIONS SOCIALES ET LA COMMUNICATION — 60

7.1 GROUPES SOCIAUX ET INTERACTIONS — 60
7.1.1 Les groupes sociaux influencent la taille des interactions — 60
7.1.2 Les interactions en groupe renforcent les relations sociales — 61
7.2 EMPATHIE, IMITATION ET COMMUNICATION — 62
7.2.1 Les utilisateurs imitent et ressentent de l'empathie pour les autres — 62
7.3 COMMUNICATION NUMÉRIQUE ET SOCIALE — 63
7.3.1 Les interactions en ligne suivent les mêmes règles sociales que les interactions en personne — 63
7.3.2 Les utilisateurs mentent différemment selon le canal de communication — 64
7.4 INFLUENCE DES RELATIONS INTERPERSONNELLES — 65
7.4.1 Les relations personnelles influencent les réponses émotionnelles — 65

7.4.2	LES CERVEAUX DES ORATEURS ET DES AUDITEURS S'ALIGNENT PENDANT LA COMMUNICATION	65
7.5	**COHESION ET DYNAMIQUE COMMUNAUTAIRE**	**66**
7.5.1	LES NORMES SOCIALES RENFORCENT LA COHESION ET L'ENGAGEMENT	66
7.5.2	LES GROUPES SOCIAUX CREENT UN SENS DE RESPONSABILITE ET D'APPARTENANCE	67

8 LES EMOTIONS ET LA PRISE DE DECISION — 68

8.1	**LES EMOTIONS ET LA COGNITION**	**68**
8.1.1	LES DECISIONS NECESSITENT DES EMOTIONS	68
8.1.2	LES EMOTIONS INFLUENCENT LA PERCEPTION DES OBJECTIFS ET DES DEFIS	69
8.2	**INFLUENCE DES SENTIMENTS ET DES GROUPES**	**69**
8.2.1	LES SENTIMENTS POSITIFS PEUVENT CONDUIRE AU GROUPTHINK	69
8.2.2	LES OBJECTIFS DIFFICILES SONT PERÇUS COMME PLUS GRATIFIANTS	70
8.3	**IMPREVU ET BESOIN D'OCCUPATION**	**71**
8.3.1	LES UTILISATEURS RECHERCHENT L'IMPREVU ET LES SURPRISES	71
8.3.2	LES UTILISATEURS SONT PLUS HEUREUX LORSQU'ILS SONT OCCUPES	71
8.4	**CONTEXTE EMOTIONNEL ET ENVIRONNEMENT**	**72**
8.4.1	LES PAYSAGES NATURELS FAVORISENT LE BIEN-ETRE EMOTIONNEL	72
8.4.2	LES PERCEPTIONS VISUELLES INFLUENCENT LA CONFIANCE INITIALE	73
8.5	**ANTICIPATION ET EMOTIONS FUTURES**	**74**

9 LES UTILISATEURS COMMETTENT DES ERREURS — 76

9.1	**ERREURS INEVITABLES ET FIABILITE DES SYSTEMES**	**76**
9.1.1	LES UTILISATEURS COMMETTENT TOUJOURS DES ERREURS : AUCUN PRODUIT N'EST TOTALEMENT FIABLE	76
9.1.2	LES ERREURS SONT PLUS FREQUENTES SOUS PRESSION	77
9.2	**TYPES D'ERREURS ET STRATEGIES D'ADAPTATION**	**78**
9.2.1	TOUS LES TYPES D'ERREURS NE SONT PAS NECESSAIREMENT NEGATIFS	78
9.2.2	LES UTILISATEURS UTILISENT DES STRATEGIES VARIEES POUR GERER LES ERREURS	79
9.3	**GESTION DES TACHES ET DES DEFIS**	**79**

10 LA PRISE DE DECISION DES UTILISATEURS — 82

10.1	**DECISIONS INCONSCIENTES ET CONSCIENCE**	**82**
10.1.1	LES UTILISATEURS PRENNENT DES DECISIONS PRINCIPALEMENT DE MANIERE INCONSCIENTE	82
10.1.2	L'INCONSCIENT IDENTIFIE LES DANGERS AVANT LA CONSCIENCE	83

10.2	**SURCHARGE COGNITIVE ET CHOIX**	**83**
10.2.1	LES UTILISATEURS VEULENT PLUS D'OPTIONS ET D'INFORMATIONS QU'ILS NE PEUVENT EN TRAITER	83
10.2.2	TROP DE CHOIX PEUT PARALYSER LE PROCESSUS DE PENSÉE	84
10.3	**CONTRÔLE ET PERCEPTION DES DÉCISIONS**	**85**
10.3.1	LES UTILISATEURS CONSIDÈRENT LE CHOIX COMME UN MOYEN DE CONTRÔLE	85
10.3.2	LES DÉCISIONS SONT INFLUENCÉES DAVANTAGE PAR LE TEMPS QUE PAR L'ARGENT	85
10.4	**DYNAMIQUE COLLECTIVE ET PRISE DE DÉCISION**	**86**
10.5	**VALEURS, HABITUDES ET DÉLÉGATION**	**87**
10.5.1	LES DÉCISIONS PEUVENT ÊTRE BASÉES SUR DES VALEURS OU DES HABITUDES, RAREMENT LES DEUX EN MÊME TEMPS	87
10.5.2	LORSQUE L'INCERTITUDE EST PRÉSENTE, LES UTILISATEURS DÉLÈGUENT LEURS DÉCISIONS	88

RÉFÉRENCES   **90**

Introduction

Dans un monde où le **numérique** occupe une place centrale, l'**expérience utilisateur (UX)** n'est plus une simple option, mais une priorité stratégique. Chaque **clic**, chaque **interaction**, chaque seconde passée sur une **interface** contribue à façonner l'**opinion des utilisateurs** et leur **attachement** à un produit ou service. Pourtant, beaucoup de **concepteurs** sous-estiment l'impact de l'UX, oubliant que derrière chaque **écran** se trouve un être humain avec des **attentes**, des **émotions** et des **besoins spécifiques**.

L'**UX**, c'est bien plus que de **jolis visuels** ou une **navigation fluide** : c'est l'art de **comprendre les comportements humains** pour concevoir des **expériences engageantes, intuitives** et **mémorables**. Dans un **univers numérique** où la concurrence est féroce, la qualité de l'**expérience utilisateur** peut faire la différence entre un produit qui **séduit** et un produit qui **échoue**.

Des études montrent que **88 % des utilisateurs** sont moins enclins à revenir sur un site après une **mauvaise expérience**. Ce simple chiffre illustre l'importance de concevoir des produits **centrés sur les besoins des utilisateurs**. Un design efficace ne se contente pas d'**attirer l'attention** ; il **guide**, **engage** et **inspire confiance**.

Ce **guide** a été conçu pour répondre à un objectif clair : vous aider à **comprendre** les **principes psychologiques** et **comportementaux** qui influencent l'**expérience utilisateur**. Inspiré par des **années de recherche** en **design** et en **sciences cognitives**, il vous fournira des **outils concrets** pour concevoir des produits numériques qui **captivent vos utilisateurs** et se démarquent dans un **paysage saturé**.

Dans les pages suivantes, vous découvrirez comment la **psychologie** peut éclairer vos décisions de conception, des **mécanismes de motivation** aux **biais cognitifs**, en passant par l'**influence des émotions**. Que vous soyez **novice** ou **professionnel aguerri**, ce **guide** vous accompagnera pour transformer vos **idées** en **expériences inoubliables**.

Car dans un monde où les **utilisateurs** ont le pouvoir de passer d'une **application** à l'autre en un **clic**, la véritable valeur se trouve dans leur **fidélité** et leur **satisfaction**. L'**expérience utilisateur** est bien plus qu'un **avantage concurrentiel** : elle est au **cœur de la réussite**.

1 La perception des choses
1.1 Comment le cerveau interprète ce que nous voyons
1.1.1 Ce que vous voyez n'est pas ce que votre cerveau perçoit

Lorsque nous regardons une scène ou un objet, notre cerveau ne voit pas une reproduction fidèle des détails visuels. Au contraire, il doit **transformer les informations sensorielles brutes en une image mentale cohérente**, ce qui implique des approximations et des raccourcis cognitifs. Cela signifie que nous percevons les objets non seulement en fonction des formes et des couleurs, mais aussi en fonction des **contextes, des attentes et des schémas préexistants** dans notre mémoire.

Le cerveau humain utilise des **heuristiques visuelles**, qui sont des règles mentales rapides permettant de prendre des décisions rapides sans trop réfléchir. Par exemple, la **complétion visuelle**, où le cerveau comble automatiquement les espaces manquants, est une preuve de ces raccourcis. Ces processus sont également influencés par le **constructivisme perceptif**, une théorie selon laquelle la perception est une construction mentale influencée par notre expérience et notre environnement.

Dans le design UX, prendre en compte ces **raccourcis cognitifs permet d'optimiser la navigation et l'expérience utilisateur**. En concevant des interfaces qui exploitent ces schémas mentaux, les utilisateurs peuvent rapidement comprendre comment interagir avec un élément sans confusion.

Sur une plateforme sociale, les icônes « **Like** », qui ressemblent à un cœur, sont facilement reconnues et comprises. Cette reconnaissance rapide repose sur les schémas cognitifs où les utilisateurs associent instantanément le symbole au concept d'appréciation.

- **Standardisez vos conventions visuelles** : des boutons, icônes et menus uniformes facilitent la compréhension.
- **Testez la complétion visuelle** : proposez des tests où des objets sont partiellement cachés pour évaluer comment les utilisateurs les perçoivent.
- **Ajoutez des indices contextuels** : des éléments textuels ou des couleurs peuvent renforcer l'identification des composants interactifs.

1.1.2 Les gens identifient les objets grâce à des motifs

Quand nous identifions un objet, nous ne le percevons pas comme une somme de formes isolées. Au lieu de cela, notre cerveau utilise la **reconnaissance des motifs**, où des groupes d'éléments visuels sont assemblés en schémas et comparés aux schémas que nous avons déjà en mémoire. Cela signifie que nous établissons des **connexions rapides entre des informations visuelles et des concepts connus**, ce qui permet une reconnaissance instantanée.

La **Théorie des géons**, formulée par Irving Biederman, est cruciale pour comprendre ce processus. Selon cette théorie, le cerveau décompose les objets en **éléments géométriques de base**, comme des cylindres, des sphères, ou des cubes. En assemblant ces éléments simples, il reconstruit des objets complexes. Par exemple, une chaise est reconnue par les géons qui composent l'assise, les pieds et le dossier.

Dans une interface, une bonne utilisation des motifs visuels améliore la **navigation et la rapidité des interactions**, car les utilisateurs reconnaissent immédiatement des actions et des composants familiers sans effort.

Les boutons sur une interface mobile sont souvent représentés par des **formes simples et des couleurs contrastées**, comme un carré pour un bouton et une loupe pour la recherche. Même sans texte explicatif, ces icônes suivent des schémas cognitifs universels.

- **Respectez les conventions visuelles** : gardez des schémas familiers et standardisés pour renforcer l'intuitivité.
- **Utilisez des formes simples et claires** : plus une forme est épurée, plus elle est facilement reconnue.
- **Faites des tests de reconnaissance** : testez des icônes et des boutons auprès des utilisateurs pour assurer une compréhension rapide et sans ambiguïté.

1.1.3 Il existe des parties spécifiques du cerveau pour reconnaître les visages et traiter les caractéristiques simples

Le cerveau possède des régions spécialisées pour certaines tâches visuelles spécifiques. Par exemple, une **région appelée le cortex fusiforme** est spécialement dédiée à la reconnaissance des visages. Cela signifie que nous pouvons identifier une personne familière en une fraction de seconde. D'autres régions du cerveau s'occupent du traitement des **caractéristiques visuelles simples**, comme les couleurs, les formes, et les contrastes.

Les capacités visuelles spécialisées reposent sur des **mécanismes cérébraux évolutifs**, qui permettent une reconnaissance rapide et efficace des éléments essentiels pour la survie et l'interaction sociale. Ces régions collaborent entre elles pour former une **perception fluide et harmonieuse**, indispensable à la navigation et aux interactions quotidiennes.

Dans le design des interfaces, comprendre ces mécanismes permet de **concevoir des expériences plus naturelles et efficaces**. Par exemple, une bonne utilisation des couleurs, des contrastes et des icônes intuitives peut améliorer considérablement la reconnaissance des éléments interactifs.

Sur une plateforme collaborative, l'icône de **profil utilisateur**, souvent une petite photo ronde, suit un schéma visuel immédiatement reconnu, ce qui facilite l'identification des membres de l'équipe.

- **Optimisez les icônes et les boutons** : des formes et des couleurs simples et contrastées garantissent une compréhension instantanée.
- **Utilisez des visuels cohérents** : maintenez des couleurs et des contrastes stables pour renforcer la reconnaissance.
- **Testez et ajustez** : menez des tests auprès des utilisateurs pour affiner la reconnaissance des éléments visuels.

1.2 Comment nous explorons et interagissons avec les interfaces

1.2.1 La vision périphérique est plus utilisée que la vision centrale pour comprendre l'essentiel

La **vision périphérique** joue un rôle crucial lorsque nous explorons rapidement un environnement visuel. En d'autres termes, nous percevons plus facilement les éléments importants situés sur les côtés de notre champ visuel, même si nous ne les regardons pas directement. Alors que la **vision centrale** est précise et détaillée, elle ne peut traiter qu'une petite partie de l'environnement. La vision périphérique, quant à elle, permet une **appréhension globale et rapide des scènes**, en saisissant l'essentiel sans nécessiter un regard direct.

Les neurones dans les **zones périphériques du cortex visuel** sont spécialement conçus pour détecter des changements importants et des mouvements. Cette adaptation est un **héritage évolutif**, car elle était essentielle pour repérer les prédateurs et les dangers dans le passé. En matière de conception, cette capacité doit être exploitée pour une navigation fluide et rapide.

Dans une interface utilisateur, il est important de placer les éléments essentiels là où ils sont facilement **repérés par la vision périphérique**, ce qui améliore l'expérience et réduit le temps nécessaire pour une interaction réussie. Par exemple, un bouton d'action principal doit être facilement visible sans nécessiter une attention minutieuse.

Sur une application de messagerie, les notifications apparaissent souvent en haut de l'écran, dans les zones où la **vision périphérique est la plus efficace**. Cela permet aux utilisateurs de remarquer instantanément les nouveaux messages sans avoir besoin de regarder directement.

- **Positionnez les actions clés stratégiquement** : placez les boutons essentiels ou les messages prioritaires dans les zones où la vision périphérique est plus active.
- **Utilisez des contrastes forts et des couleurs vives** : cela attire naturellement l'attention sans nécessiter un effort visuel.
- **Testez l'efficacité visuelle** : effectuez des tests A/B pour déterminer quels éléments sont les plus facilement identifiables par les utilisateurs.

1.2.2 Les gens scannent les écrans selon leurs expériences passées et leurs attentes

Lorsque nous interagissons avec une interface, notre cerveau utilise des **modèles mentaux basés sur des expériences passées** pour anticiper la structure des informations. Par exemple, les utilisateurs s'attendent à ce qu'un bouton « Envoyer » se trouve toujours en bas à droite, ou que la navigation principale soit située en haut de l'écran. Cela facilite l'interaction, car il y a moins de besoin d'exploration visuelle intense.

Les **modèles mentaux** sont des schémas internes que les utilisateurs créent à travers des interactions précédentes avec diverses interfaces. Ils influencent ce que nous recherchons, où nous regardons, et comment nous interagissons. La **théorie des attentes cognitives** explique que lorsque ces attentes sont respectées, l'interface est fluide. En revanche, si ces attentes sont rompues, cela peut générer **de la confusion et des frustrations**.

Il est donc crucial de **concevoir des interfaces qui respectent ces modèles**, pour faciliter une navigation intuitive. Cela signifie également utiliser des conventions visuelles et des éléments interactifs standardisés qui sont **immédiatement reconnaissables et compréhensibles**.

Sur un site e-commerce, la **présence des boutons « Ajouter au panier » et « Commande » en bas et en haut des pages** suit des conventions visuelles familiales, permettant une interaction rapide et efficace sans nécessiter de réflexion supplémentaire.

- **Adoptez les conventions existantes** : les utilisateurs s'attendent à des schémas familiers comme des boutons et des menus bien positionnés.
- **Utilisez des tests utilisateurs réguliers** : cela permet de vérifier que l'interface respecte les attentes des utilisateurs et de la corriger si nécessaire.
- **Ajoutez des indices visuels cohérents** : ces couleurs, des flèches et des icônes standardisées peuvent renforcer ces schémas.

1.2.3 Les indices visuels influencent nos actions

Les utilisateurs réagissent automatiquement aux **indices visuels qui suggèrent des actions**. Ces indices peuvent être des éléments comme des boutons, des icônes, ou des changements subtils dans l'interface. Par exemple, une flèche pointant vers une direction, un bouton de couleur vive, ou une ombre sous un élément peuvent tous agir comme des **signaux qui incitent à une action spécifique**.

Ces indices sont basés sur la **notion des affordances visuelles**, une idée développée par Donald Norman. Les **affordances visuelles indiquent la fonction d'un élément**, sans nécessiter d'explications textuelles. Une icône en forme de loupe, par exemple, est généralement perçue comme un outil de recherche.

Un bon design UX repose sur des **affordances visuelles claires**, qui permettent aux utilisateurs de comprendre immédiatement les fonctions des éléments interactifs sans effort cognitif supplémentaire. Cela rend l'interface plus fluide, rapide et intuitive.

Sur une interface mobile, le **bouton de lecture en forme de triangle** est instantanément compris comme une commande de lecture. Cette compréhension visuelle rapide améliore l'expérience utilisateur et réduit le temps nécessaire pour interagir.

- **Design intuitif avec des affordances visuelles claires** : utilisez des icônes et des boutons qui sont immédiatement interprétables par les utilisateurs.
- **Employez des couleurs contrastées et des formes évidentes** : cela facilite la reconnaissance des actions possibles sans nécessiter des instructions supplémentaires.
- **Testez la clarté des interactions** : faites des tests utilisateurs pour valider l'intuition et l'efficacité des éléments visuels interactifs.

1.3 Ce que les gens remarquent ou ignorent
1.3.1 Les gens peuvent manquer des changements dans leur champ visuel

Il arrive fréquemment que les utilisateurs ne remarquent pas certains changements visuels, même s'ils sont importants. Cela s'appelle le « **changement blindness** » ou « **cécité au changement** ». Par exemple, une personne peut ne pas remarquer qu'un élément d'une page a été déplacé, même si ce changement est clairement visible. Cela montre que notre perception visuelle a des **limites en matière de traitement des changements soudains** dans l'environnement.

La **cécité au changement** est liée au fonctionnement du cerveau, qui doit effectuer des **raccourcis cognitifs pour filtrer l'information**. En raison de la quantité énorme d'informations visuelles que nous recevons constamment, notre cerveau ne peut pas tout traiter en détail. Il privilégie donc **seules les informations jugées significatives** ou nécessaires. Cela signifie que des changements importants peuvent parfois être ignorés si l'attention de l'utilisateur est concentrée ailleurs.

Pour les designers UX, il est essentiel de **minimiser ce phénomène**, car cela peut entraîner des erreurs et une mauvaise compréhension des fonctions de l'interface. Des changements non remarqués peuvent causer des frustrations, réduire la satisfaction utilisateur et compromettre l'efficacité des actions nécessaires.

Sur une application où un bouton est déplacé pour une mise à jour, un utilisateur pourrait ne pas remarquer ce changement. Par exemple, si un utilisateur habitué à cliquer sur un bouton pour accéder aux paramètres ne trouve pas ce bouton au même endroit, il peut être désorienté et perdre du temps.

- **Ajoutez des animations et transitions fluides** : cela attire l'attention sans nécessiter un effort cognitif trop important.
- **Utilisez des notifications visuelles** : des messages clairs et des alertes peuvent guider l'utilisateur pour lui signaler des changements.
- **Faites des tests de perception** : effectuez des tests utilisateurs pour vérifier si les changements sont facilement remarqués et compréhensibles.

1.3.2 Les gens croient que les objets proches appartiennent au même groupe

Notre cerveau a une **tendance naturelle à organiser les objets en groupes** en fonction de leur proximité visuelle. C'est ce qu'on appelle la « **loi de la proximité** », une des lois de la perception visuelle développées par le psychologue Gestalt. Par exemple, si plusieurs boutons sont rapprochés, les utilisateurs les considèrent généralement comme faisant partie d'une même fonctionnalité ou groupe.

La **théorie des principes de la Gestalt** explique comment notre cerveau perçoit et organise les informations visuelles. Parmi ces principes, la **loi de proximité** stipule que les éléments proches les uns des autres sont perçus comme appartenant ensemble. Cela permet une compréhension rapide et efficace de l'interface sans nécessiter une analyse détaillée des relations visuelles.

Dans la conception d'une interface, il est crucial d'utiliser cette **loi de la proximité pour créer une hiérarchie visuelle cohérente**. Une bonne organisation visuelle facilite la navigation, réduit la confusion et permet une meilleure compréhension des fonctionnalités disponibles.

Sur une page de formulaire, les champs de saisie liés peuvent être regroupés visuellement. Par exemple, les champs « **Nom** », « **Prénom** » et « **Date de naissance** » peuvent être alignés en proximité pour être perçus comme une section cohérente d'un formulaire d'identité. Cela facilite l'interaction sans nécessiter des explications supplémentaires.

- **Regroupez les éléments liés visuellement** : placez les boutons, icônes et textes en fonction de leur relation fonctionnelle.
- **Utilisez des marges et des alignements stratégiques** : des espaces vides et des alignements clairs peuvent renforcer la proximité visuelle sans surcharger l'interface.
- **Testez la perception des utilisateurs** : assurez-vous que les relations visuelles sont évidentes et intuitives grâce à des tests A/B.

1.4 L'importance des couleurs dans la perception
1.4.1 Rouge et bleu ensemble sont fatigants pour les yeux

Les couleurs peuvent avoir un **impact visuel et émotionnel puissant**, mais leur combinaison doit être soigneusement réfléchie. Mettre **du rouge et du bleu ensemble** sur une même interface peut provoquer une fatigue visuelle, voire un inconfort. Cela est dû au fait que ces deux couleurs ont des propriétés visuelles contrastées : l'une chaude et dynamique (le rouge) et l'autre plus froide et stable (le bleu). Lorsque ces couleurs sont utilisées ensemble, elles créent un **effet visuel qui demande beaucoup d'effort au regard**, ce qui peut fatiguer les yeux des utilisateurs.

Les principes de **la perception visuelle et des couleurs en design** montrent que certaines combinaisons de couleurs peuvent être difficiles à gérer pour l'œil humain. Par exemple, les **contrastes trop forts ou les couleurs complémentaires dynamiques**, comme le rouge et le bleu, peuvent être perçus comme **dissonants**. Cela découle des **propriétés physiologiques des cônes rétiniens**, qui réagissent différemment à la lumière et aux couleurs. Une combinaison trop vive entraîne une réponse excessive des récepteurs visuels, provoquant ainsi une fatigue.

Dans la conception UX, une palette de couleurs équilibrée doit offrir une **expérience visuelle fluide et confortable**. Des couleurs bien pensées facilitent la **lecture, la navigation, et l'expérience utilisateur globale**, tandis que des combinaisons difficiles peuvent décourager l'engagement et la fidélité des utilisateurs. Une conception réfléchie en couleurs améliore la lisibilité, la compréhension des informations et la satisfaction visuelle.

Un site web de mode qui utilise une combinaison **rouge et bleu vif** pour les titres et les boutons risque de provoquer une gêne visuelle. Un utilisateur pourrait ne pas seulement être distrait par l'inconfort visuel, mais pourrait également percevoir l'interface comme désorganisée et déséquilibrée.

- **Privilégiez des contrastes subtils et harmonieux** : optez pour des nuances moins agressives et combinez des couleurs complémentaires avec modération.
- **Utilisez des couleurs neutres comme équilibre** : des couleurs comme le gris, le blanc ou le beige peuvent adoucir des combinaisons trop intenses.
- **Faites des tests de lisibilité et de confort visuel** : testez vos choix de couleurs sur divers écrans et appareils pour garantir une bonne visibilité et un confort visuel optimal pour tous les utilisateurs.

1.4.2 Certaines personnes sont daltoniennes

Le daltonisme est une condition où une personne a des difficultés à distinguer certaines couleurs, en particulier le **rouge et le vert**. Cela concerne environ **8% des hommes et moins de 1% des femmes dans le monde**. En UX design, cela signifie qu'une partie des utilisateurs pourrait ne pas percevoir certaines couleurs comme prévu. Par exemple, une notification en rouge pour une erreur pourrait ne pas être visible pour un utilisateur daltonien.

La vision des couleurs dépend des **trois types de cônes rétiniens** qui captent les couleurs : les cônes pour le **rouge, le vert et le bleu**. Les déficiences en l'un de ces cônes empêchent une personne de percevoir correctement certaines couleurs. Par exemple, un utilisateur souffrant d'un **déficit des cônes rouges** ne distinguera pas facilement une combinaison de vert et de rouge.

Dans la conception UX, il est crucial de s'assurer que les **éléments essentiels soient reconnaissables pour tous les utilisateurs**, y compris ceux atteints de daltonisme. Une conception inclusive garantira que toutes les informations critiques, comme les **erreurs, les notifications et les appels à l'action**, soient visibles et compréhensibles.

Sur un formulaire en ligne, si un bouton d'erreur est simplement coloré en **rouge**, un utilisateur daltonien pourrait ne pas le remarquer. Une meilleure approche inclurait des **textes explicatifs ou des icônes visuelles**, qui assurent que l'information est accessible indépendamment des capacités visuelles individuelles.

- **Utilisez des couleurs contrastées et des éléments visuels supplémentaires** : des icônes, des motifs ou des lignes peuvent accompagner les couleurs pour renforcer la compréhension.
- **Ajoutez des textes descriptifs** : des labels explicatifs garantissent que les utilisateurs comprennent l'action requise.
- **Testez l'interface avec des outils de simulation de daltonisme** : des outils permettent de vérifier si les couleurs choisies sont efficaces pour tous les types de perception visuelle.

1.4.3 Les couleurs ont des significations différentes selon les cultures

Les couleurs ne sont pas universellement interprétées. Elles peuvent avoir des **significations culturelles variées**. Par exemple, **le blanc** symbolise la **pureté dans la culture occidentale**, mais peut être associé au **deuil dans certaines cultures asiatiques**. Une couleur qui évoque une émotion positive pour une personne peut avoir une signification négative pour une autre.

Les **significations culturelles des couleurs sont façonnées par des contextes historiques et sociaux**, des traditions et des valeurs. Des études en **psychologie sociale et en sémiologie visuelle** montrent que chaque culture attribue des émotions et des concepts spécifiques aux couleurs. Par exemple, **le jaune peut représenter la chaleur et la joie dans certaines cultures, tandis qu'il évoque la trahison dans d'autres**.

Une conception inclusive doit tenir compte des **différences culturelles pour éviter des malentendus**. Les couleurs choisies peuvent influencer la perception des messages, des émotions et des actions attendues. Des décisions visuelles bien pensées garantissent une meilleure **acceptation et satisfaction des utilisateurs internationaux**.

Un site de commerce électronique qui utilise une bannière jaune pour les **promotions** pourrait provoquer des associations négatives dans certaines cultures. Une meilleure approche consisterait à ajouter **d'autres éléments visuels** comme des icônes ou des textes qui clarifient l'intention.

- **Soyez attentif aux contextes culturels de votre audience cible** : adaptez votre palette de couleurs en fonction des cultures des utilisateurs.
- **Ajoutez des éléments visuels universels** : icônes, symboles et textes descriptifs peuvent transcender les différences culturelles.
- **Faites des tests utilisateurs diversifiés** : assurez-vous que l'interface fonctionne correctement pour un public culturellement varié.

2 La méthode de lecture
2.1 La reconnaissance des mots et des lettres
2.1.1 Il est faux de penser que les mots en majuscules sont toujours difficiles à lire

Une croyance répandue affirme que les **mots écrits en majuscules** sont automatiquement plus difficiles à lire. Pourtant, ce n'est pas nécessairement vrai. Notre cerveau utilise des **raccourcis visuels** pour identifier les schémas, et non les lettres une par une. Cela signifie que même en majuscules, un bon schéma visuel peut faciliter la reconnaissance rapide des mots.

Les textes en majuscules ont une **apparence uniforme**, ce qui peut parfois être plus facile à repérer visuellement, mais cela ne garantit pas toujours une meilleure fluidité de lecture. La perception visuelle dépend surtout de la **manière dont le cerveau associe des schémas familiers à des informations existantes**.

Les **psychologues cognitifs** ont découvert que nous ne lisons pas chaque lettre en détail, mais plutôt en repérant des **schémas visuels globaux**. Les lettres en majuscules ne permettent pas toujours cette reconnaissance rapide des schémas attendus.

Dans la **conception des interfaces utilisateur**, il est crucial de rendre le texte **clair, facilement reconnaissable et fluide** :

- **Utilisez des majuscules pour des éléments clés** : les titres et les appels à l'action peuvent utiliser des majuscules pour attirer l'attention.
- **Respectez les conventions typographiques** : les lecteurs sont plus à l'aise avec une typographie en **minuscule**, qui facilite la reconnaissance des schémas de lettres.

Sur une **page d'accueil d'un site e-commerce**, un titre comme "**LIMITED OFFER**" peut capter rapidement l'attention. Toutefois, le reste du contenu doit utiliser une **typographie en minuscule**, qui assure une meilleure fluidité de lecture et réduit la fatigue visuelle.

- **Utilisez des majuscules de manière stratégique** : réservez-les pour les **titres, les sous-titres et les appels à l'action essentiels**.
- **Testez la lisibilité** : effectuez des **tests A/B auprès des utilisateurs** pour vérifier si vos choix typographiques sont efficaces.

2.1.2 La reconnaissance des lettres à travers les polices

Notre cerveau est capable de reconnaître des **motifs visuels**, notamment les lettres, indépendamment des polices utilisées. Cela signifie que si une police est difficile à lire, elle peut compliquer l'expérience utilisateur. En revanche, une police familière et simple peut être reconnue rapidement et efficacement.

Chaque police possède des **caractéristiques visuelles spécifiques**, et le cerveau doit s'adapter pour reconnaître ces schémas. Par exemple, une police sans-serif simple comme Arial sera souvent plus facile à déchiffrer qu'une police complexe et ornementale.

Les neuroscientifiques ont démontré que la **reconnaissance des lettres repose sur des schémas visuels préexistants dans le cerveau**. Une police difficile perturbe ces schémas et peut être perçue comme une tâche plus exigeante. Cela signifie que le choix d'une police impacte directement la **fluidité et l'efficacité de la lecture**.

Une **typographie adaptée garantit une expérience utilisateur fluide et sans friction** :
- **Améliore la reconnaissance des lettres** : les polices sans-serif sont souvent privilégiées pour leur **simplicité et leur clarté**.
- **Renforce l'accessibilité et le confort visuel** : une typographie lisible réduit la fatigue oculaire et facilite la compréhension des informations.

Sur un **site d'informations**, une police comme **Helvetica** est utilisée pour assurer une bonne **lisibilité des articles et des titres**, même sur des écrans de petite taille. Les lecteurs peuvent passer facilement d'un article à l'autre sans difficulté visuelle.

- **Optez pour des polices simples et lisibles** : favorisez des polices **sans-serif**, comme Arial ou Open Sans, pour une meilleure reconnaissance visuelle.
- **Testez les typographies auprès des utilisateurs** : menez des **tests de lisibilité et des évaluations A/B** pour assurer que votre choix typographique convient à tous les utilisateurs.

2.2 La taille et la longueur des lignes influencent la lecture
2.2.1 La taille de police est cruciale pour la lisibilité

La taille de la police joue un rôle essentiel dans la **lisibilité d'un texte**, tant sur écran que sur papier. Une taille correcte permet de lire facilement sans fatigue visuelle, tandis qu'une taille trop petite peut provoquer des difficultés et des erreurs de lecture. En général, une taille plus grande améliore la clarté, mais elle doit être équilibrée pour éviter des espaces inutilisés.

Les yeux humains sont sensibles aux variations de taille, et les utilisateurs ont tendance à avoir des préférences subjectives concernant la **taille des lettres**, ce qui varie selon l'âge, les capacités visuelles et l'expérience en lecture.

Les **études de cognition visuelle** montrent que la taille des caractères impacte directement le temps nécessaire pour reconnaître et interpréter les schémas des lettres. Plus les lettres sont grandes et claires, plus elles peuvent être identifiées rapidement par le cerveau, ce qui facilite la **reconnaissance des schémas visuels** et accélère la compréhension.

Une taille adaptée des polices améliore directement **l'accessibilité et l'expérience utilisateur** :

- **Améliore l'accessibilité** : Une taille de texte suffisante facilite la lecture pour des utilisateurs ayant des capacités visuelles réduites.
- **Réduit la fatigue oculaire** : Des tailles de texte appropriées évitent les tensions visuelles et permettent une lecture prolongée sans inconfort.

Sur une **application de lecture numérique**, une taille de police de **16 points pour le texte courant** et des titres légèrement plus grands garantissent une meilleure lisibilité. Cela permet aux utilisateurs de lire des pages entières sans ressentir de fatigue visuelle excessive.

- **Utilisez des tailles de police optimisées** : adaptez vos tailles de texte en fonction des **différents écrans et résolutions**, tout en maintenant une cohérence visuelle.
- **Proposez des options de personnalisation** : offrez aux utilisateurs la possibilité de **modifier la taille des caractères**, ce qui améliore l'accessibilité.

2.2.2 La longueur des lignes : équilibre entre fluidité et confort

La longueur des lignes a également une influence significative sur la **lisibilité du texte**. Une ligne trop longue peut nécessiter des mouvements oculaires horizontaux excessifs, ce qui fatigue rapidement les yeux. En revanche, une ligne trop courte peut interrompre la fluidité de lecture et rendre difficile la compréhension du texte.

Il existe une longueur idéale qui facilite la **transition fluide des yeux d'une ligne à l'autre** sans causer d'inconfort. Cette longueur varie en fonction de l'appareil utilisé et doit être optimisée pour chaque contexte, que ce soit sur une **interface mobile, tablette ou ordinateur**.

Les **principes de typographie et de cognition visuelle** indiquent qu'une longueur optimale facilite la **lecture continue sans interruption excessive des mouvements oculaires**. Cela évite les erreurs de reconnaissance des schémas visuels et maintient une fluidité cognitive nécessaire pour une compréhension rapide et précise du texte.

Une bonne longueur des lignes contribue directement à une meilleure **expérience utilisateur et à la rétention des informations** :

- **Facilite le suivi visuel** : les utilisateurs peuvent passer d'une ligne à l'autre sans effort excessif, ce qui améliore la **fluidité cognitive**.
- **Améliore la rétention des informations** : une lecture fluide facilite une meilleure assimilation et compréhension des contenus.

Sur une **page web, une longueur idéale se situe généralement autour de 50 à 75 caractères par ligne**, ce qui permet une lecture fluide et confortable. Sur les sites d'actualités comme **The New York Times**, cette longueur est soigneusement optimisée pour garantir une expérience agréable et sans fatigue.

- **Adoptez des conventions typographiques standardisées** : respectez une largeur de texte fixe qui correspond à l'**expérience utilisateur sur différents appareils**.
- **Utilisez des tests utilisateur pour ajuster vos lignes** : effectuez des tests **A/B** pour évaluer l'impact de la longueur des lignes sur la compréhension et la satisfaction des utilisateurs.

2.3 Les limites de la perception et les schémas cognitifs influencent ce que les gens remarquent
2.3.1 Les utilisateurs peuvent manquer des changements dans leur champ visuel

Il arrive fréquemment que les utilisateurs ne remarquent pas des changements visuels importants sur une interface. Cela est dû au phénomène appelé **"Change Blindness"**, où le cerveau ne perçoit pas certaines modifications, même lorsque celles-ci sont majeures. En d'autres termes, notre perception visuelle ne capture pas toujours tous les détails ou changements.

Cela peut être dû à des **interventions rapides, des distractions, ou des attentes préconçues**. Par exemple, lorsque l'utilisateur est absorbé dans une tâche spécifique, il a tendance à ignorer tout ce qui ne correspond pas directement à ses attentes ou objectifs immédiats.

Les études en **cognition visuelle et attention sélective** montrent que notre cerveau utilise des **mécanismes de traitement sélectif**. Nous ne pouvons absorber qu'une quantité limitée d'informations visuelles à la fois, et il est donc nécessaire d'ignorer certains détails pour se concentrer sur l'essentiel.

Par exemple, lorsque l'utilisateur cherche un bouton spécifique sur une interface, il peut passer à côté d'un changement de design ou d'un élément important qui ne correspond pas à son schéma mental de l'interface. Cela montre que la **perception est souvent guidée par des schémas cognitifs internes**, plutôt que par l'intégralité des informations visuelles disponibles.

Les changements non remarqués peuvent nuire considérablement à l'expérience utilisateur, car ils peuvent introduire des erreurs ou des frustrations.

- **Perte de confiance** : des changements inattendus peuvent rendre l'interface moins intuitive et confuse.
- **Échec des objectifs de l'interface** : par exemple, si un utilisateur ne voit pas un bouton crucial, il ne pourra pas effectuer une action importante.

Sur une **application bancaire, si un utilisateur ne remarque pas que l'emplacement d'un bouton "Envoyer" a changé**, il risque d'être confus ou de rencontrer des difficultés. Cela peut impacter la satisfaction et la confiance des utilisateurs. Des changements non détectés peuvent compromettre l'efficacité et l'accessibilité des fonctionnalités essentielles.

- **Utilisez des animations et des transitions claires** : les changements visuels devraient être accompagnés d'**animations fluides** pour attirer l'attention et éviter la confusion.
- **Ajoutez des notifications visuelles ou textuelles** : des messages explicatifs peuvent informer l'utilisateur des **changements importants**, en renforçant la communication visuelle et cognitive.
- **Faites des tests utilisateurs fréquents** : validez l'efficacité des changements en **réalisant des tests avec des utilisateurs réels**, qui peuvent identifier des points de confusion et d'incompréhension.

2.3.2 Les utilisateurs croient que les objets proches appartiennent au même groupe

Notre cerveau utilise des **règles perceptives innées pour organiser et comprendre l'information visuelle**. L'une des règles fondamentales est celle de la **"proximité"**, selon laquelle les objets proches les uns des autres sont perçus comme appartenant au même groupe. Cela fait partie des principes de la **psychologie de la Gestalt**, qui influencent la manière dont nous interprétons les schémas visuels.

Par exemple, si plusieurs boutons sont placés côte à côte sur une interface, les utilisateurs vont naturellement les percevoir comme des éléments qui sont liés entre eux, même si leur fonction ou leur but est différent. Cela peut conduire à des **malentendus ou des erreurs d'interprétation des actions**.

Les principes de **la Gestalt et de la cognition visuelle** indiquent que nous avons une **tendance naturelle à organiser les éléments en groupes cohérents**. Cela signifie que nous ne voyons pas simplement des formes isolées, mais des schémas organisés selon des relations spatiales et des associations visuelles.

Une mauvaise utilisation des principes de proximité peut rendre l'interface confuse et inefficace.

- **Risque de confusion des actions** : des boutons ou des éléments proches sans une bonne organisation visuelle peuvent amener à des erreurs.
- **Impact sur la navigation et la compréhension** : des relations visuelles incorrectes influencent la navigation et la compréhension globale de l'interface.

Sur une **interface de tableau de bord**, des boutons de filtre placés trop près des boutons de navigation peuvent être confondus. Les utilisateurs peuvent alors cliquer sur le mauvais élément, ce qui entraîne une mauvaise expérience utilisateur.

- **Organisez les éléments visuels de manière cohérente** : placez les boutons et autres composants interactifs de manière stratégique pour éviter toute confusion.
- **Utilisez des espacements et des marges adéquates** : des **espacements clairs permettent une meilleure distinction des groupes d'éléments**, facilitant ainsi l'interaction.
- **Testez régulièrement votre interface** : faites des tests utilisateurs pour identifier les erreurs perceptuelles et ajuster l'interface en fonction des besoins réels des utilisateurs.

2.4 Préférences et fluidité de la lecture

Lorsque nous lisons, nous ne nous contentons pas de parcourir des mots, mais nous nous engageons dans une **reconnaissance visuelle fluide et continue**. Des études ont révélé que la longueur des lignes joue un rôle crucial dans l'efficacité et le confort de la lecture. Si une ligne est trop longue, l'œil doit effectuer des déplacements horizontaux importants, ce qui peut ralentir la lecture. En revanche, une ligne trop courte peut également interrompre la fluidité et rendre la lecture moins confortable.
Il existe donc un compromis : une longueur moyenne qui maximise à la fois **la rapidité et le confort visuel** tout en évitant les interruptions inutiles.

La théorie repose sur la **perception visuelle et les déplacements oculaires**, notamment ce qu'on appelle les **saccades visuelles**. Les saccades sont des mouvements rapides des yeux qui permettent de sauter d'une partie du texte à une autre. Si une ligne est trop longue, ces mouvements deviennent plus compliqués, car l'œil doit chercher où recommencer la lecture. Avec une longueur de ligne plus courte, ces saccades sont optimisées, et la continuité visuelle est préservée.
Des recherches en **ergonomie et cognition visuelle** ont identifié une longueur optimale des lignes qui se situe généralement autour de **50 à 75 caractères**. Cela permet une lecture fluide tout en réduisant la fatigue visuelle.

La longueur des lignes joue un rôle clé dans :
- **La lisibilité et la fluidité cognitive** : une longueur adaptée améliore la vitesse et la précision de lecture.
- **La réduction de la fatigue visuelle** : des lignes équilibrées évitent les mouvements excessifs des yeux et l'effort mental.
- **L'expérience utilisateur globale** : des textes bien structurés permettent une meilleure compréhension et rétention des informations.

Sur un **blog ou une application d'articles**, la mise en page doit inclure une largeur de texte optimisée. Par exemple, un paragraphe doit avoir une largeur qui ne dépasse pas **75 à 80**

caractères sur chaque ligne. Cela facilite la lecture et réduit les interruptions visuelles, tout en maintenant un équilibre visuel harmonieux.

- **Utilisez des mises en page fluides** : adaptez automatiquement la largeur des lignes en fonction des tailles d'écran et des résolutions.
- **Testez et ajustez** : des tests utilisateurs permettent de déterminer la longueur optimale des lignes pour chaque contexte (mobile, tablette, ordinateur).
- **Appliquez des marges et des espacements cohérents** : un bon espacement entre les lignes et les paragraphes garantit une meilleure fluidité visuelle et facilite l'absorption des informations.

3 La mémorisation des éléments
3.1 La mémoire humaine : fonctionnement et limites
3.1.1 La mémoire à court terme et les capacités limitées

La mémoire à court terme est la partie de la mémoire qui contient temporairement les informations que nous percevons. Cependant, elle a une capacité limitée. En général, elle ne peut retenir que **7 éléments, plus ou moins 2**. Cela signifie que lorsqu'un utilisateur doit mémoriser plusieurs options ou instructions, il risque rapidement d'être submergé.

Cette capacité a été démontrée par **George Miller**, un chercheur en psychologie cognitive. Il a découvert que les humains peuvent retenir environ 7 objets distincts à un moment donné. Cette limite est due à la manière dont le cerveau organise et traite l'information.

La mémoire à court terme joue un rôle crucial dans la conception des interfaces. Si une interface présente trop d'éléments simultanément, cela peut **surcharger l'utilisateur**, le rendant confus et inefficace. Une interface bien conçue doit donc tenir compte de cette limite et éviter de présenter trop d'options ou d'éléments en même temps.

Sur une application mobile, si un utilisateur doit choisir parmi plus de 5 options sur une seule page, cela peut devenir difficile. Une meilleure approche consisterait à utiliser des menus déroulants ou des écrans en plusieurs étapes qui décomposent l'information en segments digestes.

- **Priorisez l'information** : montrez uniquement les informations essentielles.
- **Utilisez des groupes logiques** : organisez les options en sections et sous-sections.
- **Facilitez la navigation progressive** : proposez des étapes ou des menus déroulants pour éviter la surcharge cognitive.

3.1.2 Ancrer les informations dans la mémoire : schémas et répétition

La mémoire à long terme est renforcée lorsque les informations sont organisées en **schémas mentaux** et répétées plusieurs fois. Un schéma est une structure mentale qui relie des informations entre elles de manière cohérente et significative. Cela facilite la mémorisation et la compréhension des concepts.

Les schémas sont une manière pour le cerveau de rendre l'apprentissage plus efficace. De plus, la **répétition** joue un rôle essentiel : chaque fois qu'une information est répétée, elle devient plus susceptible d'être consolidée en mémoire à long terme. Des études en neurosciences montrent que la répétition physique modifie la structure du cerveau, en renforçant les connexions neuronales.

Dans le design UX, il est crucial de créer des interfaces qui utilisent des schémas visuels et des éléments récurrents. Cela permet aux utilisateurs de **reconnaître instantanément les fonctionnalités**, réduisant ainsi leur charge cognitive et facilitant leur interaction.

Sur un site e-commerce, les boutons « Ajouter au panier » et les icônes de navigation sont souvent conçus de manière standardisée. Les utilisateurs reconnaissent immédiatement ces éléments grâce à des schémas visuels familiers, sans nécessiter une réflexion consciente.

- **Utilisez des éléments récurrents** : des icônes et boutons cohérents sur toutes les pages.
- **Facilitez la reconnaissance avec des schémas visuels** : des couleurs, des polices et des alignements uniformisés.
- **Testez régulièrement votre interface** : assurez-vous que vos schémas sont intuitifs pour vos utilisateurs.

3.2 Reconnaissance et traitement des informations visuelles
3.2.1 Reconnaître des lettres et des schémas différents

Lorsque nous lisons, notre cerveau est capable de reconnaître rapidement des **lettres et des schémas visuels** en se basant sur des **patterns préexistants dans notre mémoire visuelle**. Cette capacité repose sur la reconnaissance des **motifs, des formes et des connexions entre les différentes lettres**, ce qui permet une lecture fluide et rapide.
Le cerveau utilise des **raccourcis cognitifs** pour identifier les lettres et les schémas visuels, même lorsque ceux-ci sont partiellement cachés ou déformés. Cela signifie que nous ne lisons

pas chaque lettre individuellement, mais plutôt en **groupes et en motifs**, ce qui facilite la compréhension instantanée des mots et des phrases.

Les neuroscientifiques expliquent cette capacité par la **reconnaissance des schémas visuels**. Des régions spécifiques du cerveau, comme **l'aire visuelle associative**, traitent les schémas complexes, tandis que des zones plus spécialisées, comme **l'aire des lettres et des mots**, permettent de reconnaître rapidement des combinaisons de lettres familières.

Par exemple :
- **Schémas récurrents :** des groupes de lettres qui apparaissent fréquemment dans une langue sont reconnus comme des schémas, facilitant ainsi la lecture rapide.
- **Expérience visuelle :** notre cerveau a une **mémorisation des motifs visuels** issus des nombreuses expériences de lecture, ce qui permet une reconnaissance rapide et intuitive des textes.

La reconnaissance efficace des schémas visuels améliore directement l'**expérience utilisateur**, notamment sur les interfaces numériques où la fluidité et la clarté des textes sont essentielles. Un bon design doit assurer que les textes soient rapidement reconnaissables et compréhensibles, sans nécessiter un effort mental supplémentaire.

Sur une interface de site web, un bon design typographique peut permettre aux utilisateurs de **reconnaître instantanément les titres, les sous-titres et les paragraphes**, même s'ils ne lisent pas chaque mot en détail. Des schémas visuels cohérents permettent une **navigation fluide et une compréhension immédiate du contenu**.

- **Utilisez des polices sans empattement simples et claires :** cela facilite la reconnaissance des schémas visuels des lettres.
- **Organisez le contenu en groupes visuels cohérents :** des titres, des listes et des paragraphes bien structurés facilitent la reconnaissance et la compréhension des schémas textuels.
- **Testez votre design auprès des utilisateurs :** assurez-vous que le contenu est facilement lisible et compréhensible pour toutes les tailles d'écran et résolutions.

3.2.2 Taille des polices et impact sur la lecture

La **taille des polices joue un rôle crucial dans la lisibilité et le confort visuel**. Une taille de police trop petite peut rendre la lecture difficile, tandis qu'une taille trop grande peut causer une fatigue visuelle. Notre cerveau doit pouvoir **traiter rapidement les caractères et les mots**, ce qui dépend directement de la taille des textes affichés.

Les utilisateurs perçoivent et lisent mieux des textes dont la taille des caractères est **adaptée à leurs capacités visuelles**, tout en maintenant un équilibre entre **lisibilité et esthétique**. Une taille bien ajustée réduit l'effort visuel et facilite une lecture rapide et fluide.

Les études en ergonomie visuelle révèlent que :
- **Une taille optimale facilite la reconnaissance des lettres :** des polices d'au moins **16 points sur les écrans modernes** sont recommandées pour une meilleure lisibilité.
- **La taille doit s'adapter au contexte et au support :** sur papier, une taille légèrement différente peut être acceptable, tandis que sur des appareils numériques, elle doit être ajustée pour une visibilité accrue.

En UX, le choix de la taille des polices influence directement l'**expérience de lecture des utilisateurs**. Des textes trop petits peuvent provoquer des **problèmes de fatigue oculaire**, tandis que des tailles inappropriées peuvent nuire à la **compréhension rapide des informations essentielles**. Une typographie optimisée garantit une **navigation efficace et une expérience utilisateur sans friction**.

Sur une application mobile, une taille de texte de **16 points minimum** est utilisée pour assurer une bonne lisibilité. Des boutons et des titres sont souvent en **polices plus grandes et audacieuses**, tandis que les descriptions et textes secondaires sont légèrement réduits sans sacrifier la clarté visuelle.

- **Adoptez des tailles standards en typographie :** des recommandations comme **16 points pour le texte principal** garantissent une lecture fluide.
- **Adaptez dynamiquement la taille des polices selon l'appareil :** assurez-vous que l'interface reste lisible sur différents écrans et résolutions.
- **Faites des tests auprès des utilisateurs :** les tests A/B peuvent vous permettre de vérifier que la taille des caractères est adaptée au confort et à l'efficacité des interactions.

3.3 L'impact des erreurs et des changements sur la mémoire

3.3.1 Les erreurs de mémoire et leurs conséquences

La mémoire humaine est sujette à de nombreuses erreurs, surtout lorsqu'il s'agit d'informations visuelles. Notre cerveau ne peut pas toujours retenir et interpréter correctement chaque élément visuel, ce qui peut conduire à des erreurs de mémoire. Cela est particulièrement vrai lorsque des schémas visuels similaires sont en concurrence dans notre champ de vision ou lorsque des informations sont trop complexes pour être facilement assimilées.

Les **erreurs de mémoire visuelle** peuvent avoir des conséquences négatives sur l'expérience utilisateur, notamment :

- Des **confusions entre des icônes ou des boutons similaires**, qui peuvent entraîner des actions incorrectes.
- Des **changements non remarqués**, où des modifications sur une interface passent inaperçus pour les utilisateurs.
- Des **décisions erronées**, basées sur des souvenirs déformés des éléments visuels.

La **mémoire visuelle fonctionne en trois étapes principales** :

1. **Mémoire sensorielle :** capturant des informations pendant moins d'une seconde, elle ne permet qu'une reconnaissance visuelle instantanée.
2. **Mémoire de travail :** cette mémoire temporaire permet de retenir des informations pendant quelques secondes pour les analyser et les utiliser.
3. **Mémoire à long terme :** les schémas visuels importants et récurrents sont transférés dans cette mémoire, où ils peuvent être facilement reconnus.

Des erreurs peuvent survenir lorsque ces systèmes ne sont pas efficaces, par exemple lorsque des schémas visuels similaires sont interprétés différemment ou lorsque des informations importantes sont rapidement obsolètes.

Les erreurs de mémoire peuvent compromettre la **navigation fluide et intuitive d'une interface**, frustrer les utilisateurs et nuire à la confiance dans le design. Pour une expérience utilisateur réussie, il est nécessaire de s'assurer que les éléments visuels sont **clairs, distincts et facilement mémorisables**.

Sur une plateforme de streaming, si l'icône pour **"ajouter à la liste de lecture"** est trop similaire à celle pour **"rechercher"**, un utilisateur risque de cliquer sur la mauvaise option. Cela entraîne une expérience confuse et une frustration.

- **Design clair et distinct :** utilisez des couleurs contrastées, des formes différentes et des tailles variées pour éviter les erreurs visuelles.
- **Cohérence visuelle :** maintenez une **uniformité des icônes et des boutons** sur toutes les pages pour renforcer les schémas visuels en mémoire.
- **Testez avec des utilisateurs :** des tests réels peuvent révéler des erreurs potentielles et permettre des ajustements efficaces.

3.3.2 Les limites de l'attention et de la perception

La capacité d'attention humaine est limitée, ce qui signifie que nous ne pouvons percevoir et traiter que quelques informations visuelles à la fois. Cette limitation a un impact direct sur la conception des interfaces. Des éléments visuels trop nombreux ou trop subtils peuvent être ignorés, ce qui compromet l'efficacité et la qualité des interactions.

Les utilisateurs peuvent ainsi **manquer des changements importants ou des fonctionnalités essentielles**, ce qui nuit à leur expérience et leur engagement sur une plateforme.

Les recherches en **sciences cognitives** montrent que l'attention humaine suit des schémas spécifiques :

1. **Attention sélective :** le cerveau ne se concentre que sur les éléments pertinents en fonction des besoins de l'utilisateur.
2. **Attention soutenue :** la concentration sur une tâche spécifique ne peut être maintenue que pendant une durée limitée.
3. **Attention distribuée :** des tâches complexes nécessitent des changements fréquents entre différents points d'attention, ce qui peut entraîner une surcharge cognitive.

Ces schémas influencent directement la façon dont les utilisateurs perçoivent et interagissent avec une interface, en rendant essentiel un **design visuel clair et stratégique**.

Un bon design UX doit tenir compte des **limites de l'attention pour garantir une navigation fluide et intuitive**, tout en facilitant les actions nécessaires sans surcharger visuellement l'utilisateur.

Sur une application bancaire, des **boutons essentiels pour effectuer une transaction doivent être clairement distingués**, avec des couleurs et des contrastes qui attirent immédiatement l'attention sans distraction.

- **Utilisez des contrastes et des couleurs stratégiques :** ils aident à attirer rapidement l'attention des utilisateurs sur les actions prioritaires.
- **Hiérarchisez les informations :** montrez d'abord les éléments essentiels, en réduisant les distractions visuelles.
- **Effectuez des tests utilisateurs :** des tests permettent de confirmer si l'interface attire efficacement l'attention et guide les actions de manière intuitive.

3.4 Comprendre la mémoire émotionnelle et les souvenirs marquants

3.4.1 La mémoire émotionnelle : les souvenirs marquants

Les **souvenirs émotionnels** sont souvent ceux qui s'ancrent le plus profondément dans notre mémoire. Contrairement aux souvenirs basés sur des événements ordinaires, ce sont généralement les expériences émotionnellement intenses – qu'elles soient positives ou négatives – qui sont mémorisées de manière plus durable. Cela est dû à la manière dont le **cerveau associe les émotions** aux informations visuelles et contextuelles.

Lorsque nous vivons une **expérience émotionnelle**, le cerveau active des circuits neuronaux spécifiques qui renforcent la mémorisation des événements. Par exemple, une publicité émouvante peut marquer durablement un utilisateur, qui se souviendra facilement du produit ou de la marque. En revanche, une expérience négative, comme un problème technique sur une interface, peut également être mémorisée de manière disproportionnée.

Il est important de noter que la **mémoire émotionnelle** joue un rôle crucial dans la fidélité et l'attachement des utilisateurs à une interface. Les émotions positives renforcent des connexions mémorielles favorables, tandis que les émotions négatives peuvent conduire à une **insatisfaction durable** et à une perte d'engagement.

3.4.2 Les erreurs des souvenirs vifs et leur influence sur l'expérience utilisateur

La **mémoire émotionnelle**, bien qu'efficace, n'est pas infaillible. Les souvenirs émotionnels sont souvent sujets à des **distorsions**. En effet, le cerveau a tendance à embellir ou à déformer des souvenirs pour les rendre plus cohérents émotionnellement. Par exemple, un utilisateur peut se souvenir d'une interaction négative avec une interface comme étant plus compliquée qu'elle ne l'était réellement.

Ce phénomène est particulièrement problématique dans le domaine de l'**expérience utilisateur**. Les erreurs de mémoire influencent la manière dont un utilisateur perçoit une plateforme ou un service. Une mauvaise interaction vécue une seule fois peut être **amplifiée par la mémoire émotionnelle**, conduisant à une perception biaisée et négative. Cela peut affecter la **loyauté**, la rétention des utilisateurs et la satisfaction globale.

Les **souvenirs émotionnels erronés** peuvent également influencer la prise de décision des utilisateurs. Une expérience perçue comme frustrante peut dissuader de futurs engagements, même si les problèmes ont été résolus. Cela peut entraîner une diminution des **taux de conversion**, une augmentation du **churn** et une moins bonne perception de la marque.

Il est crucial pour les concepteurs UX de comprendre comment la **mémoire émotionnelle** joue un rôle central dans l'expérience utilisateur. Les designers doivent s'efforcer de créer des expériences qui minimisent la **frustration** et maximisent les émotions positives. Une expérience utilisateur réussie repose sur la capacité à établir des **souvenirs émotionnels agréables**, qui renforcent l'attachement des utilisateurs à la plateforme ou au produit.

Une expérience fluide et sans friction suscite des sentiments positifs, tandis qu'une interface simple et efficace facilite une connexion émotionnelle plus forte. En comprenant la **mémoire émotionnelle**, les designers peuvent anticiper les expériences négatives et offrir des solutions qui les atténuent, assurant ainsi une meilleure satisfaction et fidélisation des utilisateurs.

Prenons l'exemple des plateformes de **streaming musical**. Les services comme Spotify ou Apple Music intègrent des **éléments émotionnels**, comme des playlists personnalisées et des recommandations basées sur les préférences émotionnelles, qui créent une **connexion profonde** entre l'utilisateur et le service. Cela renforce la fidélité des abonnés, car ils associent les souvenirs émotionnels de découverte musicale à une expérience positive et personnalisée. À l'inverse, une interface où des problèmes techniques fréquents surviennent sans communication appropriée peut conduire à des **sentiments négatifs**, réduisant la satisfaction et la rétention des utilisateurs.

- **Créez des expériences émotionnelles positives :** assurez-vous que votre interface suscite des émotions agréables. Cela peut être accompli avec des couleurs harmonieuses, des animations fluides et des interactions intuitives.
- **Anticipez les erreurs et communiquez :** lorsque des problèmes surviennent, une communication transparente avec l'utilisateur peut réduire la frustration et rétablir la confiance.
- **Utilisez des schémas émotionnels efficaces :** intégrez des éléments visuels et des interactions qui déclenchent des émotions positives, comme des témoignages, des réussites partagées ou des récompenses.
- **Testez l'impact émotionnel des interactions :** menez des tests utilisateurs approfondis pour identifier les moments émotionnels clés et ajustez l'interface pour renforcer les impressions positives et éliminer les expériences négatives.

4 La réflexion
4.1 Traitement des informations mentales et efficacité cognitive

Nous avons tous déjà ressenti la difficulté de comprendre une grande quantité d'informations en une seule fois. Le cerveau humain a une capacité limitée pour le traitement des informations complexes. Il est plus facile de comprendre des informations lorsqu'elles sont **décomposées en petites unités digestibles**. C'est pourquoi le **traitement en petits morceaux** joue un rôle essentiel dans la cognition humaine.

Une des techniques majeures pour appliquer ce principe est la **"Progressive Disclosure"**. Cette approche consiste à ne révéler que les informations nécessaires à chaque étape d'une interaction. L'idée est que les utilisateurs ne voient que ce dont ils ont besoin au moment présent, sans être submergés par des détails superflus. Cela repose sur la **charge cognitive limitée**, une théorie développée par le psychologue John Sweller, qui affirme que l'efficacité du traitement des informations dépend du maintien d'une charge cognitive modérée.

Dans le design UX, **minimiser la surcharge cognitive** améliore directement l'expérience utilisateur. Une interface bien conçue guide les utilisateurs de manière progressive, leur évitant des décisions trop complexes et des erreurs fréquentes. Cela facilite l'engagement, réduit les frustrations et permet une meilleure compréhension des fonctionnalités.

Prenons l'exemple des formulaires en ligne. Un formulaire de connexion complexe pourrait demander directement toutes les informations nécessaires (nom, prénom, adresse, numéro de téléphone, etc.). En revanche, une interface utilisant **la Progressive Disclosure** demanderait d'abord uniquement l'identifiant et le mot de passe. Les autres champs apparaîtraient uniquement lorsque l'utilisateur en a besoin, facilitant ainsi l'expérience.

- **Concevez des interfaces en plusieurs étapes :** décomposez des tâches complexes en étapes simples et claires.
- **Utilisez des menus déroulants et des boutons contextuels :** proposez des options adaptées en fonction des besoins spécifiques des utilisateurs.
- **Analysez le comportement des utilisateurs :** utilisez des tests A/B pour déterminer quelles informations sont essentielles à chaque étape du parcours utilisateur.

4.2 Les schémas mentaux et leur rôle dans l'interface utilisateur

Le cerveau humain ne traite pas toutes les tâches cognitives de la même manière. Certaines tâches nécessitent plus d'efforts, tandis que d'autres sont plus simples à accomplir. Par exemple, cliquer sur un bouton est une tâche simple, alors que la rédaction d'un texte ou l'analyse de chiffres demande une concentration et une mémoire accrues. Il existe donc des **charges cognitives variées** à prendre en compte dans le design des interfaces utilisateur.

La **loi de Fitts** explique que le temps nécessaire pour atteindre une cible dépend de sa **distance et de sa taille**. Autrement dit, plus une cible est proche et grande, plus elle sera facile à atteindre. En design UX, cela signifie qu'un bouton plus large et placé stratégiquement sera cliqué plus rapidement qu'un petit bouton situé dans un coin de l'écran.

Une autre considération est celle des **compromis cognitifs**, où chaque décision de design doit tenir compte du compromis entre efficacité et simplicité. Il est souvent nécessaire d'accepter des compromis, par exemple en ajoutant plus d'éléments visuels ou des textes explicatifs, pour faciliter la compréhension.

En tenant compte des différents traitements cognitifs, les designers peuvent **créer des interfaces plus fluides et moins fatigantes pour les utilisateurs**. Une interface intuitive et ergonomique permet une meilleure interaction, une réduction des erreurs, et augmente la satisfaction des utilisateurs.

Une application bancaire qui permet aux utilisateurs de transférer de l'argent doit concevoir des boutons et des champs avec des tailles adaptées. Les boutons essentiels pour confirmer une transaction doivent être plus grands et bien placés, tandis que des éléments secondaires peuvent être plus petits. Cela permet d'éviter des erreurs accidentelles et facilite l'expérience utilisateur.

- **Adoptez la loi de Fitts dans le design des boutons et des interactions :** placez les boutons essentiels à des endroits stratégiques et avec une taille appropriée.
- **Utilisez des tests utilisateurs pour mesurer la charge cognitive :** analysez comment les utilisateurs interagissent avec votre interface et ajustez-la pour une meilleure fluidité.
- **Appliquez des compromis visuels stratégiques :** introduisez des icônes et des textes supplémentaires seulement lorsque cela est nécessaire pour éviter une surcharge cognitive.

4.3 Attention, mémoire et interaction cognitive
4.3.1 Les limites de l'attention et les défis cognitifs

L'attention est une ressource cognitive limitée. Les utilisateurs ne peuvent pas se concentrer sur tout à la fois. Une interface doit donc être conçue en prenant en compte ces limitations pour éviter la surcharge cognitive. Lorsque trop d'éléments visuels ou textuels sont présents sur une interface, l'utilisateur peut avoir du mal à **identifier les informations essentielles**, ce qui entraîne une confusion et une frustration. L'attention est souvent guidée par des **éléments visuels forts et des conventions culturelles**, mais elle est également influencée par des facteurs internes comme la fatigue ou l'humeur.

Les **principaux types d'attention** comprennent :
1. **Attention sélective :** la capacité à se concentrer sur une seule tâche ou stimulus tout en ignorant les autres.
2. **Attention partagée :** la capacité à répartir son attention sur plusieurs tâches ou informations simultanément.
3. **Attention soutenue :** la capacité à maintenir l'attention pendant une longue période sans interruption.

Les erreurs surviennent lorsque l'interface ne respecte pas ces limites et pousse l'utilisateur à **diviser son attention sans nécessité**, ce qui peut dégrader l'expérience utilisateur.

Une interface qui respecte les capacités d'attention permet :
- Une meilleure **concentration sur les tâches essentielles**, augmentant l'efficacité.
- Une **réduction des erreurs**, puisque l'utilisateur ne perd pas de vue les actions importantes.
- Une **expérience utilisateur moins frustrante**, favorisant la fidélité et la satisfaction.

Une bonne interface vise à **minimiser les distractions**, en mettant l'accent sur les informations cruciales tout en guidant l'utilisateur avec des conventions visuelles et cognitives claires.

Les **interfaces de navigation des smartphones**, comme celles d'Apple ou d'Android, sont de bons exemples. Elles organisent les informations de manière intuitive :
- Des **icônes clairement identifiables**.
- Des boutons et des menus placés stratégiquement pour assurer une attention sélective efficace.
- Une navigation fluide qui guide l'utilisateur directement là où il doit aller sans confusion.

4.3.2 La mémoire de travail et la mémorisation des interactions

La **mémoire de travail** est une partie de la mémoire humaine qui permet de stocker et de manipuler temporairement des informations nécessaires pour une tâche spécifique. Une interface doit donc être conçue pour faciliter cette mémoire et éviter de surcharger cette capacité limitée.

Les utilisateurs sont mieux à même d'accomplir une tâche lorsqu'une interface présente des **éléments cohérents et faciles à comprendre**, réduisant ainsi le besoin d'efforts cognitifs supplémentaires.

Les composants essentiels de la mémoire de travail incluent :
- **La mémoire visuelle** : elle permet de retenir des informations visuelles pendant quelques secondes.
- **La mémoire verbale** : capable de retenir des mots et des phrases de courte durée.
- **L'intégration des informations** : la capacité à relier des éléments différents pour résoudre une tâche complexe.

Lorsque ces composants sont sollicités de manière excessive, l'utilisateur peut rapidement perdre des informations essentielles.

Une interface qui facilite la mémoire de travail offre :
- Une meilleure **rapidité d'exécution des tâches**.
- Une réduction des erreurs, puisque l'utilisateur n'a pas à "se rappeler" des informations compliquées.
- Une meilleure **compréhension des processus et des interactions**, ce qui permet une utilisation plus fluide.

Les interfaces simplifiées de **Google Maps**, où chaque action est guidée logiquement, sont un excellent exemple. Les boutons sont placés au bon endroit, les couleurs et les icônes sont intuitives, et l'ensemble du processus est fluide et facile à suivre sans nécessiter des efforts excessifs.

4.3.3 Interaction cognitive et engagement des utilisateurs

Une bonne **interaction cognitive** prend en compte les schémas mentaux des utilisateurs et leurs attentes. Les utilisateurs ont des schémas cognitifs internes basés sur leurs expériences passées, et une interface qui suit ces schémas devient naturellement plus facile à utiliser.

Une conception efficace de l'UX doit s'appuyer sur une compréhension des **attentes intuitives des utilisateurs**, les schémas culturels et cognitifs qui influencent leurs décisions et leurs actions.

En respectant ces schémas internes, l'interface :
- Devient **plus intuitive et facile à utiliser**.
- Encourage un engagement plus profond des utilisateurs.
- Contribue à une meilleure **satisfaction et fidélité des utilisateurs**, car ils peuvent effectuer leurs tâches avec moins de confusion et plus d'efficacité.

Les designs de plateformes comme **Instagram** ou **Spotify**, où l'intuitivité et la familiarité des schémas visuels sont prises en compte, sont des exemples parfaits. Les boutons d'action, les flux de contenu et les couleurs sont organisés pour correspondre aux schémas mentaux des utilisateurs, ce qui facilite leur interaction avec l'interface sans nécessiter une courbe d'apprentissage complexe.

4.4 Organisation cognitive, catégorisation et apprentissage

4.4.1 La nécessité des catégories dans l'esprit humain

Notre cerveau est naturellement programmé pour **organiser les informations en catégories**. Cela permet de comprendre et de traiter les informations de manière plus efficace, sans être submergé par trop de détails. Une bonne interface doit donc faciliter cette catégorisation, soit en proposant des groupes d'éléments clairs, soit en laissant les utilisateurs créer leurs propres groupes de façon intuitive.

Les catégories aident à créer des **associations mentales solides**, ce qui facilite l'identification rapide des informations pertinentes. Par exemple, une interface qui organise des produits en catégories claires sur un site e-commerce aide les utilisateurs à trouver facilement ce qu'ils recherchent.

Les mécanismes cognitifs qui favorisent la catégorisation incluent :

- **Les schémas mentaux préexistants** : les utilisateurs ont déjà des attentes et des expériences qui influencent leur façon de catégoriser les informations.
- **La mémoire associative** : une bonne catégorisation permet une meilleure association des éléments, facilitant ainsi la reconnaissance et le rappel des informations pertinentes.

Une interface qui suit ces schémas cognitifs facilite l'apprentissage et la mémorisation des actions nécessaires.

Une interface qui organise efficacement les informations :

- **Améliore l'efficacité des interactions**, en réduisant le temps nécessaire pour trouver des informations importantes.
- Renforce la **compréhension et l'assimilation des contenus**, puisque les utilisateurs peuvent relier facilement des éléments entre eux.
- Favorise une **expérience utilisateur fluide et intuitive**, en évitant les frustrations dues à des interfaces confuses.

Les menus déroulants sur les **sites web**, les catégories de playlists sur **Spotify** ou les sections bien organisées sur **Amazon** sont des exemples concrets. Ils utilisent des schémas cognitifs établis pour faciliter la navigation et rendre l'expérience utilisateur plus naturelle.

4.4.2 L'apprentissage basé sur les exemples et la pratique

Les utilisateurs apprennent mieux lorsqu'ils peuvent se référer à des **exemples concrets**. Une interface qui propose des démonstrations visuelles, des exemples pratiques ou des scénarios interactifs facilite la compréhension et l'assimilation des fonctionnalités. Cela permet aux utilisateurs de saisir rapidement comment effectuer une tâche spécifique sans avoir à passer par une longue courbe d'apprentissage.

Les exemples aident à établir des **associations mentales solides**, qui rendent l'expérience utilisateur plus fluide et intuitive.

Les mécanismes clés de l'apprentissage basé sur les exemples incluent :
- **La mémoire procédurale :** apprentissage des actions et des procédures par la pratique.
- **La reconnaissance des schémas :** les utilisateurs apprennent à reconnaître des schémas récurrents, ce qui facilite les interactions futures avec l'interface.

Ces mécanismes montrent que les utilisateurs ne se contentent pas de comprendre des concepts abstraits, mais apprennent aussi des **actions pratiques et des interactions concrètes**.

Une interface qui propose des exemples efficaces :
- Favorise une **assimilation rapide des fonctionnalités et des procédures**, ce qui réduit le besoin d'assistance.
- Renforce la **confiance des utilisateurs**, qui se sentent plus en contrôle et compétents.
- Améliore l'expérience globale, car les utilisateurs ont une meilleure maîtrise des tâches qu'ils réalisent sur l'interface.

Les tutoriels interactifs sur des applications comme **Canva**, où chaque étape est expliquée visuellement, ou les exemples de code sur **GitHub**, qui montrent directement comment appliquer une ligne de commande, sont des illustrations efficaces de cette approche.

4.4.3 L'importance des schémas mentaux dans la conception des interfaces

Les **schémas mentaux** sont des représentations internes que les utilisateurs développent au fil de leurs expériences. Une bonne interface doit correspondre à ces schémas autant que possible. Par exemple, lorsque l'utilisateur clique sur un bouton « panier » sur un site d'e-commerce, il s'attend automatiquement à accéder à sa sélection de produits.

Une interface qui respecte ces schémas mentaux permet une interaction **plus fluide et moins confuse**, tout en réduisant la charge cognitive.

Les schémas mentaux sont basés sur :
- **Des expériences passées**, où les utilisateurs ont déjà interagi avec des interfaces similaires.
- Des **conventions culturelles et sociales**, qui influencent la perception des actions et des objets.

Une conception qui respecte ces schémas facilite une meilleure **assimilation des informations et des actions**, tout en renforçant la confiance des utilisateurs.

En s'alignant sur les schémas mentaux des utilisateurs :
- On favorise une meilleure **intuitivité des interactions** et une **expérience utilisateur sans friction**.
- Les utilisateurs peuvent accomplir des tâches avec moins d'efforts cognitifs, ce qui renforce la **satisfaction et la fidélité des utilisateurs**.

Les **menus et boutons classiques sur Instagram**, qui suivent les attentes des utilisateurs en matière d'expérience sociale, ou les **barres de recherche sur Amazon**, qui exploitent l'habitude des utilisateurs de chercher directement des produits, montrent comment les schémas mentaux influencent une interface fluide et intuitive.

4.5 Culture et cognition
4.5.1 La culture influence la perception et la pensée

La **culture joue un rôle crucial dans la cognition**, influençant la manière dont les individus perçoivent, comprennent et interagissent avec le monde qui les entoure. Les valeurs culturelles façonnent non seulement la **façon dont les informations sont interprétées**, mais aussi la manière dont les décisions sont prises et les interactions sociales sont gérées.

Par exemple, les utilisateurs de cultures individualistes (comme celles des **États-Unis et des pays européens**) ont tendance à avoir une approche plus centrée sur l'**individu**, tandis que ceux des cultures collectivistes (comme les **pays asiatiques**) privilégient les relations et les connexions sociales. Cette dynamique doit être prise en compte lors de la conception des interfaces, car elle influence les attentes et les comportements des utilisateurs.

Les différences culturelles sont expliquées par plusieurs mécanismes cognitifs :
- **La cognition individuelle vs. collective :**
    - Dans les **cultures individualistes**, les utilisateurs se concentrent sur leurs **objectifs personnels**, leur succès individuel et leurs besoins personnels.
    - Dans les **cultures collectivistes**, les relations sociales et la coopération sont prioritaires, ce qui peut impacter la manière dont les utilisateurs interagissent avec les plateformes sociales ou collaborent sur des outils professionnels.
- **Les schémas mentaux culturels :** chaque culture possède des schémas cognitifs distincts qui influencent la **reconnaissance des objets, les interactions et les décisions**.

Une interface qui prend en compte les différences culturelles :
- **Améliore l'accessibilité et l'inclusivité**, en respectant les **différentes perspectives et valeurs des utilisateurs**.
- Renforce la **relation de confiance et la fidélité des utilisateurs**, en montrant que l'expérience a été pensée pour eux, dans leur **contexte culturel spécifique**.
- Facilite l'**adoption des produits et services**, car les utilisateurs se sentent plus à l'aise et en harmonie avec l'interface.

Les réseaux sociaux comme **Facebook** et **WeChat**, qui adaptent leurs fonctionnalités et leur interface selon les besoins des cultures respectivement occidentales et asiatiques, montrent comment ces plateformes prennent en compte les différences culturelles pour offrir une meilleure expérience utilisateur.

4.5.2 Les différences culturelles visibles dans les interactions et les décisions

Les utilisateurs de différentes cultures interagissent avec une interface en utilisant des **raccourcis cognitifs et des schémas mentaux spécifiques**, basés sur leurs expériences culturelles. Cela signifie que des éléments tels que **le langage, les couleurs, les symboles et les icônes** peuvent avoir des significations variées d'une culture à l'autre.

Par exemple, une **couleur considérée comme positive dans une culture** peut être perçue comme négative dans une autre. De même, certaines **dispositions des éléments graphiques et du contenu** peuvent être intuitives pour une culture, mais pas pour une autre.

Les différences culturelles sont intégrées dans des mécanismes cognitifs tels que :
- **Les associations mentales culturelles :** des couleurs, des icônes et des images spécifiques sont associées à des **significations culturelles profondes**, influençant la compréhension des utilisateurs.
- **Les préférences sociales et individuelles :** les interactions en groupe sont plus fréquentes dans les cultures collectivistes, tandis que les décisions individuelles sont privilégiées dans les cultures individualistes.

Une conception qui respecte les **différences culturelles** :
- Assure une **meilleure compréhension des messages et des fonctionnalités**, facilitant ainsi l'usage des interfaces.
- Aide à éviter les **malentendus culturels**, qui peuvent entraîner des frustrations et une perte de confiance.
- Renforce une **expérience utilisateur authentique et locale**, ce qui permet une **meilleure adoption des produits**.

Les campagnes publicitaires de **Google**, qui s'adaptent selon les préférences culturelles locales, ou les designs des applications e-commerce, qui prennent en compte les différences culturelles dans les couleurs, les symboles et les schémas visuels, illustrent comment une conception UI/UX adaptée peut toucher plus efficacement un public diversifié.

5 L'attention
5.1 Attention soutenue et signaux saillants

Les utilisateurs ont une **capacité limitée à maintenir leur attention sur une même tâche** ou un même contenu pendant une longue durée. Des études montrent que l'attention soutenue ne dépasse généralement pas **10 minutes avant que l'utilisateur ne perde sa concentration**.

La capacité d'attention est influencée par plusieurs facteurs, comme le **niveau d'engagement**, les **interruptions**, et la **complexité des tâches**. Lorsque **l'attention est détournée**, la **performance** et la **compréhension** diminuent considérablement.

Dans le design UX, il est essentiel de **garder l'attention des utilisateurs** en proposant des **éléments engageants**, des **pauses visuelles** et des **transitions fluides**. Cela garantit une meilleure interaction et une rétention plus élevée des informations.

Une **application de méditation** propose des séances de 10 minutes avec des visuels apaisants et des instructions vocales qui favorisent la concentration. Cela respecte la capacité d'attention moyenne des utilisateurs et maximise l'efficacité de l'expérience.

- Concevez **des contenus et des interfaces avec des pauses fréquentes** pour maintenir l'attention.
- Utilisez **des transitions courtes et des animations subtiles** pour garder l'utilisateur engagé sans le surcharger.

5.2 Les utilisateurs prêtent attention uniquement aux signaux saillants

Les utilisateurs sont **naturellement attirés par les éléments qui se démarquent** visuellement ou émotionnellement. Les signaux saillants peuvent être des **couleurs vives**, des **contrastes élevés**, des **mouvements**, ou des **visages humains**.

La psychologie de l'attention montre que l'esprit humain privilégie les **stimuli saillants** qui se **démarquent** du reste du contenu. Cela permet une meilleure compréhension des informations importantes tout en évitant les distractions.

Pour une interface utilisateur réussie, il est crucial de concevoir des éléments qui **captent immédiatement l'attention** et **guident efficacement** l'utilisateur vers les actions importantes.

Un **site e-commerce** utilise des boutons colorés et des images de haute qualité pour attirer l'attention sur les produits phares. Les éléments visuels saillants garantissent que les utilisateurs cliquent sur les articles essentiels.

- Utilisez des **couleurs contrastées** et des **éléments visuels dynamiques** pour attirer l'attention.
- Placez **stratégiquement des visages** ou **des éléments émotionnels** pour établir une connexion instantanée avec l'utilisateur.

5.3 Influence des attentes et des stimuli externes sur l'attention

5.3.1 Les attentes de fréquence influencent l'attention

Les utilisateurs développent des **schémas mentaux basés sur la fréquence des événements**. Par exemple, si une personne voit régulièrement des notifications sur son téléphone, elle s'attend à recevoir ces notifications de manière constante.

Les schémas mentaux facilitent la **navigation cognitive**, mais lorsque ces attentes sont perturbées, cela peut créer **une confusion et une perte de concentration**.

Un design UX bien pensé doit respecter ces schémas mentaux pour assurer une **navigation fluide et intuitive**. Des interruptions inattendues peuvent **frustrer l'utilisateur** et **nuire à l'expérience globale**.

Une **application de messagerie** qui envoie des notifications de manière régulière suit les attentes des utilisateurs. Cela garantit que les messages importants ne sont pas ignorés.

- Maintenez une **fréquence constante** dans la mise à jour des notifications et des contenus.
- Utilisez **des schémas visuels et des icônes familières** pour renforcer les attentes des utilisateurs.

5.3.2 Les bruits forts et les stimuli sonores captent l'attention

Les **stimuli auditifs inattendus**, comme les bruits forts ou les alertes sonores, **captent automatiquement l'attention** des utilisateurs.

La **théorie de la détection des signaux** explique que l'oreille humaine est particulièrement sensible à des changements soudains dans l'environnement sonore.

Dans une conception UX, il est essentiel de **gérer les stimuli auditifs** afin d'éviter les **interruptions involontaires** et les **expériences utilisateur désagréables**.

Les **notifications sur un smartphone** peuvent être réglées avec un son doux ou une vibration, ce qui permet de capter l'attention sans être trop intrusif.

- Utilisez des **alertes sonores modérées** qui peuvent être facilement désactivées ou ajustées.
- Privilégiez **des effets sonores subtils** qui respectent l'expérience utilisateur sans compromettre la fluidité des interactions.

6 Les sources de motivation

6.1 Motivation personnelle et objectifs

6.1.1 Les utilisateurs sont plus motivés à mesure qu'ils se rapprochent d'un objectif

Les utilisateurs ressentent une **augmentation de leur motivation** à mesure qu'ils se rapprochent de l'atteinte d'un objectif. Plus ils voient les progrès accomplis, plus leur engagement et leur persévérance sont renforcés.

La **théorie des objectifs**, issue de la **psychologie cognitive et des sciences comportementales**, montre que des objectifs clairs et atteignables incitent les individus à persévérer et à fournir des efforts considérables pour les atteindre. Cela repose sur la croyance que les récompenses et succès perçus servent de renforcement positif.

Dans le **design UX**, établir des **jalons visuels et des objectifs progressifs** améliore l'engagement, réduit la fatigue cognitive et permet une meilleure satisfaction des utilisateurs. Cela conduit à une meilleure rétention des utilisateurs et une interaction plus continue avec le produit.

Les **applications de fitness comme Nike Training Club**, qui montrent des progrès visuels, des statistiques et des objectifs à atteindre, motivent les utilisateurs à atteindre des résultats personnels concrets.

- Implémentez des **barres de progression, des badges, des notifications d'achievements**, et des **checklists interactives**, qui montrent visuellement les progrès et renforcent l'atteinte des objectifs.

6.1.2 La dopamine stimule la recherche d'informations

La **dopamine**, souvent appelée "l'hormone du plaisir", est également une substance qui stimule la **recherche de nouvelles informations** et la **curiosité**. Plus un utilisateur découvre de contenu ou d'opportunités, plus il ressent de plaisir et de satisfaction.

En **neuropsychologie**, la **dopamine joue un rôle crucial dans le système de récompense du cerveau**. Chaque fois qu'une personne reçoit une récompense inattendue ou découvre quelque chose de nouveau, elle ressent une augmentation de cette substance chimique, ce qui renforce la recherche d'informations et d'opportunités.

En comprenant ce mécanisme, les **designers UX peuvent créer des expériences qui stimulent la curiosité et l'exploration**, tout en maintenant l'attention des utilisateurs de manière continue et engageante.

Les réseaux sociaux comme **Instagram** ou **TikTok**, où les utilisateurs découvrent constamment du contenu qui stimule leur curiosité et maintient leur engagement grâce aux recommandations et algorithmes.

- Proposez des **suggestions personnalisées, des notifications push**, et des **contenus inattendus**, qui encouragent l'exploration constante et la satisfaction des utilisateurs.

6.1.3 Les récompenses intrinsèques sont plus puissantes que les récompenses extrinsèques

Les **récompenses intrinsèques** proviennent des **satisfactions internes** ressenties lorsque l'utilisateur atteint un objectif, tandis que les récompenses extrinsèques viennent de **facteurs externes comme des primes ou des éloges**. Les récompenses internes, comme le plaisir personnel et l'accomplissement, ont souvent un impact plus durable.

La **théorie de l'autodétermination**, développée par **Deci et Ryan**, met en lumière la valeur des **motivations intrinsèques sur la qualité de l'expérience utilisateur**. Lorsque l'utilisateur est motivé par une **passion ou une curiosité personnelle**, l'effort est souvent plus soutenu et la satisfaction plus profonde.

Créer des **expériences qui engagent l'utilisateur sur le plan émotionnel et personnel** permet une **relation plus profonde et durable avec le produit**, améliorant ainsi la **fidélité et l'engagement à long terme**.

Dans des applications comme **Duolingo**, l'apprentissage devient une récompense intrinsèque où les utilisateurs ressentent une satisfaction personnelle liée à leurs progrès et leur maîtrise des langues.

- Implémentez des **mécanismes d'auto-évaluation, des défis personnels, des succès internes**, et des **progressions individuelles**, qui donnent aux utilisateurs une **raison interne d'être engagés et motivés**.

6.2 Récompenses et engagement
6.2.1 Les récompenses variables sont efficaces

Les **récompenses variables** sont des récompenses imprévisibles qui peuvent générer un sentiment d'**anticipation et maintenir l'engagement des utilisateurs sur le long terme**. Lorsque les utilisateurs ne savent pas exactement quand une récompense apparaîtra, ils sont davantage incités à poursuivre l'action.

La **théorie du renforcement variable**, issue des **principes du comportementalisme**, démontre que les récompenses irrégulières créent une réponse plus forte et plus durable. Des études montrent que lorsque les récompenses sont distribuées de manière imprévisible, l'utilisateur est plus susceptible de maintenir des comportements positifs et réguliers.

Dans le **design UX**, des récompenses variables créent un **effet d'anticipation et d'enthousiasme**, renforçant l'engagement des utilisateurs et encourageant des interactions fréquentes et soutenues avec le produit.

Les applications de jeu mobile, comme **Candy Crush**, utilisent des récompenses imprévisibles pour inciter les joueurs à continuer. Les utilisateurs ne savent pas quand ils obtiendront un bonus, ce qui maintient leur curiosité et leur engagement.

- Implémentez des **récompenses aléatoires, des notifications surprises**, et des **bonus inattendus** pour renforcer l'anticipation et maintenir l'engagement des utilisateurs.

6.2.2 Ce que les casinos savent

Les casinos **exploitent des mécanismes de récompenses aléatoires pour inciter les joueurs à continuer de jouer**, en utilisant des récompenses imprévisibles pour maintenir une interaction constante et accrue.

Les **casinos appliquent la théorie du renforcement variable**, où la récompense n'apparaît pas systématiquement mais reste **suffisamment fréquente pour renforcer l'engagement des joueurs**. Ce modèle de renforcement incite à des comportements compulsifs et continus.

S'inspirer des **mécanismes des casinos peut permettre de créer des expériences utilisateur plus engageantes**, en maintenant une interaction continue et en renforçant la fidélité des utilisateurs grâce à une anticipation constante.

Des applications et plateformes sociales, comme **Snapchat**, utilisent des fonctionnalités qui récompensent l'utilisateur de manière imprévisible, maintenant ainsi un engagement actif et régulier.

- Créez des **récompenses inattendues, des fonctionnalités exclusives**, et des **notifications occasionnelles** qui incitent l'utilisateur à rester actif et engagé sur votre plateforme.

6.2.3 L'imprévisibilité pousse les utilisateurs à chercher plus

Les utilisateurs sont souvent poussés par l'**imprévisibilité des récompenses** à explorer davantage et à s'engager plus profondément. L'imprévisibilité stimule leur curiosité et leur envie de découvrir de nouvelles opportunités.

Selon les principes de la **psychologie comportementale**, l'imprévisibilité joue un rôle essentiel dans la **réponse émotionnelle et cognitive des utilisateurs**, en stimulant le **système de récompense du cerveau**, qui est régulé par la **dopamine**.

Créer des **situations imprévisibles peut augmenter l'exploration, la curiosité**, et l'**engagement des utilisateurs**, tout en favorisant des interactions plus fréquentes et durables avec votre produit.

Les **notifications et messages aléatoires sur les plateformes sociales**, comme **Twitter**, qui présentent des contenus inattendus, poussent les utilisateurs à explorer et découvrir plus souvent.

- Implémentez des **contenus aléatoires, des surprises visuelles**, et des **suggestions personnalisées et imprévisibles** pour maintenir l'intérêt et la curiosité des utilisateurs.

6.2.4 Le réflexe pavlovien

Les **récompenses imprévisibles créent une réponse émotionnelle** similaire au **réflexe pavlovien**, où une **réponse anticipée est renforcée par des récompenses inattendues**.

En **psychologie**, le **réflexe pavlovien** montre comment une **réponse automatique** peut être créée et renforcée lorsqu'une récompense est introduite après une action. Ce mécanisme joue un rôle crucial dans la création des habitudes et des comportements récurrents.

S'appuyer sur ce mécanisme permet de **créer des interactions récurrentes et habituelles**, en incitant les utilisateurs à développer une relation constante et fidèle avec votre produit.

Des **services de streaming comme Netflix**, qui envoient des recommandations aléatoires, utilisent ce réflexe pour maintenir l'engagement des abonnés et les inciter à passer plus de temps sur la plateforme.

- Proposez des **récompenses visuelles**, des **suggestions de contenu aléatoires**, et des **mécanismes interactifs** qui renforcent des réponses **émotionnelles positives** et des **interactions fréquentes**.

6.3 Engagement social et dynamique communautaire
6.3.1 Les normes sociales influencent la motivation des utilisateurs

Les **utilisateurs sont souvent influencés par les attentes et les comportements de leur groupe social**. Cela signifie qu'ils ont tendance à adopter des comportements similaires à ceux des membres de leur entourage ou communauté. Cette influence sociale peut renforcer leur engagement et leur motivation, en créant un sentiment d'appartenance et d'acceptation.

La **psychologie sociale** a démontré que les individus sont plus susceptibles d'adopter des comportements conformes aux **normes établies par leur groupe social**. Les études sur les **conformités sociales** révèlent que les utilisateurs cherchent à **s'intégrer et à être acceptés**, ce qui peut être exploité pour stimuler l'engagement.

En tirant parti des **normes sociales, vous pouvez améliorer l'engagement des utilisateurs**, renforcer la **loyauté**, et créer une **communauté active et dynamique**. Cela peut également faciliter la rétention des utilisateurs, car ils développent un **sentiment d'identification à la marque ou à la plateforme**.

Sur des plateformes comme **Facebook ou Instagram**, des fonctionnalités telles que les **groupes, les likes, et les commentaires** renforcent les **normes sociales et les interactions entre pairs**. Les utilisateurs cherchent l'approbation des autres membres et souhaitent recevoir des commentaires positifs, ce qui renforce leur engagement.

- Proposez des **groupes communautaires, des forums, des badges sociaux**, et des **récompenses communautaires**, qui valorisent les contributions individuelles et favorisent une coopération active entre les membres. Encouragez des interactions régulières et visibles entre utilisateurs pour renforcer ces dynamiques sociales.

6.3.2 Les utilisateurs sont naturellement paresseux

Les utilisateurs ont une **prédisposition à rechercher des actions rapides et efficaces**, car ils souhaitent atteindre leurs objectifs avec le moins d'effort possible. Cette **efficacité cognitive naturelle** pousse les individus à choisir des options simples et directes.

La **loi de l'efficacité cognitive** montre que les humains privilégient toujours **les options qui nécessitent moins de temps et d'effort**, même si elles ne sont pas optimales à long terme. Cela signifie que les interfaces et les fonctionnalités doivent être conçues pour **réduire l'effort cognitif nécessaire**.

En proposant des **actions simples et efficaces**, vous améliorez l'interface utilisateur. Cela réduit la **frustration, augmente la satisfaction des utilisateurs**, et contribue à la **rétention à long terme**. Une navigation fluide et des actions simples garantissent une meilleure **expérience utilisateur globale**.

Les boutons de connexion rapide sur **Spotify** ou **LinkedIn**, qui permettent de se connecter en utilisant Google ou Facebook, sont des exemples de raccourcis qui facilitent l'expérience utilisateur. Ils évitent les processus d'inscription longs et compliqués.

- Implémentez des **raccourcis visuels, des boutons d'accès direct, des menus déroulants simples**, et des **flux d'inscription en un clic**, qui rendent l'interface intuitive et rapide. Proposez des fonctionnalités de navigation efficaces et directement visibles pour faciliter l'interaction des utilisateurs.

6.3.3 Les raccourcis faciles sont recherchés uniquement s'ils sont proposés

Les utilisateurs ne cherchent des **raccourcis que s'ils sont clairement proposés et visibles**, même si ces options existent déjà. Cela signifie que pour qu'un utilisateur adopte une option efficace, elle doit être **facilement accessible et mise en évidence dans l'interface**.

La **théorie de l'ergonomie cognitive** stipule que la **facilité d'accès aux options est essentielle pour l'expérience utilisateur**. Une interface doit rendre les raccourcis et les fonctionnalités efficaces **clairement visibles pour les utilisateurs** afin de les inciter à les utiliser.

Une interface bien conçue doit **proposer des options simples et évidentes**, ce qui améliore l'**efficacité, réduit la confusion et augmente l'engagement**, tout en renforçant la **fidélité des utilisateurs** à votre plateforme.

Sur des plateformes comme **Amazon**, où des raccourcis pour des fonctionnalités essentielles comme la recherche, les recommandations, et les achats rapides sont facilement visibles, cela facilite la navigation et renforce l'expérience utilisateur sans nécessiter un effort supplémentaire.

- Proposez des **boutons et des raccourcis intuitivement placés**, des **menus déroulants stratégiques**, et des **options par défaut visibles**, qui facilitent l'accès et garantissent une navigation fluide. Testez régulièrement ces options pour vous assurer qu'elles sont bien positionnées et efficaces pour l'expérience utilisateur.

6.4 Influence des relations interpersonnelles
6.4.1 Les utilisateurs perçoivent davantage la responsabilité personnelle que la situation

Les **utilisateurs ont une tendance naturelle à attribuer leurs réussites et leurs échecs à leurs propres actions**, plutôt qu'à des circonstances externes. Cela signifie qu'ils prennent souvent des décisions en se sentant **responsables des résultats**, en accordant une grande importance à leurs propres efforts et engagements personnels.

La **théorie de l'attribution en psychologie sociale** explique ce phénomène. Les utilisateurs cherchent généralement à comprendre pourquoi des événements se produisent et préfèrent attribuer leurs résultats à des **actions et décisions internes**, plutôt qu'à des facteurs externes incontrôlables. Cela renforce leur sentiment d'**autonomie et de maîtrise**.

En mettant en avant la **responsabilité personnelle, les plateformes renforcent la confiance des utilisateurs**, augmentent leur **engagement et leur fidélité**, et créent une expérience où ils sentent qu'ils sont les acteurs principaux de leurs réussites. Cela peut conduire à une meilleure **rétention des utilisateurs et à une meilleure satisfaction**.

Sur **LinkedIn**, les utilisateurs peuvent afficher leurs compétences, certifications et réalisations, ce qui renforce leur sentiment de responsabilité personnelle. Ils voient leurs accomplissements comme des résultats de leurs efforts et choix, et non comme des circonstances externes.

- Proposez des **tableaux de bord personnalisés**, des **badges de réussite, des rapports de performance**, et des **évaluations de progression individuelle**. Encouragez les utilisateurs à prendre des décisions qui influencent directement leurs résultats, ce qui renforce leur engagement et leur fidélité à votre plateforme.

6.4.2 Les interactions sociales renforcent la cohésion et la motivation

Les interactions sociales entre utilisateurs favorisent une **meilleure communication, une cohésion accrue et un sentiment de solidarité**. Cela crée une **atmosphère où les membres se soutiennent mutuellement**, ce qui peut être une source importante de motivation et d'engagement.

Les **dynamiques sociales en psychologie** montrent que le soutien social et les **interactions positives** jouent un rôle crucial dans le développement des **liens communautaires et des relations interpersonnelles**. Ces interactions renforcent la **confiance mutuelle et la coopération**, tout en créant un environnement plus inclusif.

Créer des **interactions sociales positives sur votre plateforme améliore l'expérience utilisateur**, favorise une **communauté active et loyale**, et encourage les utilisateurs à s'impliquer davantage, ce qui améliore la **rétention des utilisateurs** et stimule l'engagement à long terme.

Sur des plateformes comme **Slack ou Discord**, les utilisateurs interagissent constamment avec leurs pairs. Ils partagent des informations, posent des questions et résolvent des problèmes ensemble. Cela renforce non seulement l'esprit de communauté, mais aussi leur engagement et leur fidélité à l'espace de travail virtuel.

- Implémentez des **forums communautaires, des groupes de discussion, des fonctionnalités de chat en temps réel**, et des **badges qui récompensent les contributions des utilisateurs**. Proposez des activités de groupe, des défis collaboratifs et des événements interactifs qui encouragent les utilisateurs à interagir et à s'entraider.

6.4.3 Motivation collective et objectifs communs

Les utilisateurs sont souvent plus motivés lorsqu'ils travaillent ensemble pour **atteindre des objectifs communs**, en ressentant un sentiment d'appartenance et de contribution collective. Ce **travail en groupe** peut renforcer des liens, générer de l'énergie collective et accroître la satisfaction des membres.

La **psychologie sociale et la théorie de l'identification sociale** expliquent pourquoi les objectifs communs renforcent la cohésion. Les individus voient leur succès comme une **réussite collective**, ce qui leur donne un sentiment de **responsabilité partagée** et une motivation accrue pour travailler en coopération.

Une expérience utilisateur qui repose sur des **objectifs communs et des succès collectifs peut renforcer la fidélité**, améliorer le sentiment d'appartenance, et assurer une meilleure rétention des utilisateurs. Cela peut également favoriser une **dynamique positive et solidaire**, renforçant la coopération et l'engagement de la communauté.

Sur des plateformes comme **Fitbit**, des groupes d'utilisateurs participent à des **défis collectifs de santé et de fitness**, où chacun contribue à l'atteinte des objectifs du groupe. Cela stimule une motivation collective et pousse chaque utilisateur à maintenir son engagement personnel pour le bien de l'équipe.

- Proposez des **défis communautaires, des objectifs d'équipe, des groupes collaboratifs**, et des **récompenses collectives qui visent la performance en groupe**. Encouragez les utilisateurs à partager leurs réussites, à participer activement à des missions de groupe et à soutenir leurs pairs pour renforcer l'engagement et la coopération.

7 Les interactions sociales et la communication
7.1 Groupes sociaux et interactions
7.1.1 Les groupes sociaux influencent la taille des interactions

Les **interactions sociales humaines** ont des **limites naturelles**, en grande partie déterminées par nos **capacités cognitives**. La **taille optimale** d'un groupe permettant de maintenir des relations significatives est généralement fixée à environ **150 individus**, un concept connu sous le nom de "nombre de Dunbar". Cette limite s'explique par la **quantité d'efforts et de temps nécessaires** pour entretenir des relations sociales de qualité.

Robin Dunbar, un anthropologue, a étudié les groupes sociaux chez les primates et les humains. Il a constaté que la **taille du néocortex** limite notre capacité à maintenir des relations interpersonnelles. Environ 150 est le seuil au-delà duquel les individus commencent à se fier à des structures formelles (règles, hiérarchies) pour gérer les interactions sociales.

Dans le **contexte numérique**, comprendre cette limite aide à **concevoir des communautés en ligne qui favorisent des interactions de qualité** plutôt que de se concentrer uniquement sur la quantité de membres ou de connexions. Cela **réduit la surcharge cognitive** et **augmente l'engagement** des utilisateurs.

Facebook, bien qu'il soit une plateforme gigantesque, utilise des algorithmes pour promouvoir des interactions avec des contacts proches ou pertinents, comme les anniversaires ou les publications populaires. De même, **Slack** limite les discussions à des canaux spécifiques, encourageant des échanges plus concentrés.

- **Limitez la taille des groupes** dans vos interfaces, par exemple, en divisant les communautés en sous-groupes.
- **Proposez des outils ou fonctionnalités pour prioriser les connexions significatives**, comme des suggestions basées sur des centres d'intérêt communs ou des interactions récentes.
- **Simplifiez la gestion des relations sociales** en introduisant des notifications ciblées et des rappels utiles.

7.1.2 Les interactions en groupe renforcent les relations sociales

Les **interactions en groupe**, qu'elles soient en personne ou en ligne, jouent un rôle fondamental dans **la construction et le maintien des relations sociales**. Ces interactions permettent aux individus de **renforcer leurs liens, d'échanger des idées** et de **créer un sentiment d'appartenance**.

La **théorie de la dynamique de groupe** de Kurt Lewin met en évidence que les groupes influencent les comportements et les croyances des individus, **créant des normes et des valeurs communes**. Les interactions de groupe **favorisent également la confiance et la coopération**, deux éléments essentiels pour des relations solides.

Pour que les utilisateurs **reviennent sur une plateforme**, il est crucial de leur fournir des **opportunités d'interagir** avec des groupes qui partagent leurs intérêts ou objectifs. Cela contribue à construire des communautés fidèles et engagées.

Discord, une plateforme conçue pour les communautés, permet aux utilisateurs de rejoindre ou de créer des serveurs dédiés à des sujets spécifiques, renforçant ainsi le sentiment d'appartenance et favorisant des échanges significatifs.

- **Intégrez des espaces collaboratifs** comme des forums, salons ou groupes de discussion pour permettre aux utilisateurs d'interagir facilement.
- **Encouragez les contributions en groupe** par des événements numériques, des sondages ou des jeux interactifs.
- **Créez des outils pour renforcer la visibilité** des groupes actifs, tels que des classements ou des récompenses pour la participation.

7.2 Empathie, imitation et communication
7.2.1 Les utilisateurs imitent et ressentent de l'empathie pour les autres

Les humains sont naturellement programmés pour imiter les actions, émotions et expressions des autres, grâce à des neurones spécifiques appelés neurones miroirs. Cela favorise l'apprentissage social, l'empathie et la cohésion dans les relations humaines.

Les **neurones miroirs**, découverts par Giacomo Rizzolatti et son équipe dans les années 1990, s'activent à la fois lorsque nous **exécutons une action** et lorsque nous **observons quelqu'un d'autre effectuer la même action**. Cela explique en partie pourquoi les émotions, comme le sourire ou le rire, sont "contagieuses".

L'empathie est un levier puissant dans le design. En exposant les utilisateurs à **des contenus émotionnels ou comportementaux positifs**, on peut **influencer leurs réactions, susciter l'engagement et renforcer leur attachement** à une plateforme.

Les applications de fitness comme **Fitbit** utilisent des messages de félicitations ou des partages de succès entre utilisateurs pour encourager les efforts. Un utilisateur voyant un ami atteindre un objectif est plus enclin à poursuivre le sien.

- Utilisez **des visuels et des messages qui stimulent l'imitation positive**, comme des photos de personnes souriantes ou motivées.
- Intégrez **des fonctionnalités sociales** pour permettre aux utilisateurs de partager leurs progrès ou d'interagir avec ceux qui les inspirent.
- Exploitez **les vidéos et animations interactives** pour démontrer les bénéfices d'un produit ou service.

7.3 Communication numérique et sociale
7.3.1 Les interactions en ligne suivent les mêmes règles sociales que les interactions en personne

Les utilisateurs **reproduisent en ligne les mêmes règles sociales qu'en face à face**, telles que **la politesse, l'écoute active et les réponses empathiques**. Ces comportements renforcent le **sentiment d'appartenance** et rendent les **échanges plus fluides**, même dans des environnements numériques.

La psychologie sociale et les neurosciences montrent que les interactions humaines sont régies par des **normes implicites**, comme **la réciprocité ou la recherche de validation sociale**. Ces normes se transposent naturellement dans les communications en ligne, malgré l'absence de contact physique.

Si une interface respecte ces règles sociales, elle devient **plus intuitive et conviviale**. Cela renforce **l'engagement des utilisateurs et facilite leur adoption de la plateforme**, car ils y retrouvent des dynamiques sociales familières.

Les plateformes comme **Microsoft Teams** ou **Slack** simulent des échanges humains grâce à des fonctionnalités telles que les emojis, les statuts en ligne ("actif", "occupé") et les notifications en temps réel ("vu", "écrit un message").

- Intégrer **des indicateurs visuels pour simuler les signaux sociaux** (statuts, confirmations de lecture).
- Concevoir **des outils de communication qui imitent les interactions naturelles** (temps de réponse, fluidité des conversations).
- Offrir **des options expressives** comme les réactions, les emojis ou les GIFs pour enrichir les échanges.

7.3.2 Les utilisateurs mentent différemment selon le canal de communication

Le **degré d'honnêteté des utilisateurs** varie en fonction du canal de communication. Les textes ou emails, qui permettent un **délai de réflexion, favorisent des altérations de la vérité**. Les appels vocaux, en revanche, impliquent une interaction plus immédiate qui limite ces comportements.

La **désinhibition en ligne** explique que **l'anonymat, la distance émotionnelle et l'absence de conséquences directes** réduisent les inhibitions, favorisant ainsi des **comportements comme le mensonge**. En revanche, les échanges vocaux ou face à face ajoutent une pression sociale qui renforce l'authenticité.

Comprendre ces différences est essentiel pour concevoir des **interactions adaptées à chaque canal**. Cela permet aussi de prévoir des **mécanismes pour vérifier la véracité** des informations lorsque la fiabilité est cruciale.

Dans un **contexte d'e-commerce**, un chatbot initial peut poser des questions ouvertes pour recueillir des informations, tandis qu'un appel ou une vérification via webcam peut être utilisé pour finaliser les transactions critiques.

- Offrir **plusieurs options de communication selon les besoins de confiance** (chat pour les demandes basiques, appels pour les situations sensibles).
- Mettre en place des **systèmes de vérification pour garantir la fiabilité des informations**, comme des signatures électroniques ou des confirmations vidéo.
- Former les utilisateurs à **l'importance de la transparence**, en expliquant les implications de leurs choix selon le canal utilisé.

7.4 Influence des relations interpersonnelles
7.4.1 Les relations personnelles influencent les réponses émotionnelles

Les **relations interpersonnelles**, qu'elles soient professionnelles, amicales ou familiales, **jouent un rôle déterminant dans les réactions émotionnelles des individus**. Une interaction avec une personne de confiance, par exemple, peut diminuer le stress, tandis qu'un conflit peut l'amplifier.

Des études en neurosciences et en psychologie montrent que **les relations proches activent des circuits neuronaux associés à la régulation des émotions**. Les interactions positives renforcent la sécrétion d'ocytocine, qui favorise le sentiment de sécurité et d'attachement.

Les plateformes qui renforcent les interactions personnelles (messageries, réseaux sociaux, espaces collaboratifs) doivent **capitaliser sur cet effet** pour **créer une expérience engageante et émotionnellement satisfaisante**.

Slack intègre des fonctionnalités permettant d'envoyer des messages de reconnaissance ou d'appréciation. Cela renforce les liens entre collègues, améliore l'ambiance au travail, et augmente l'attachement à la plateforme.

- Concevez des **interactions qui encouragent les échanges positifs** entre utilisateurs. Intégrez des options pour partager des messages d'encouragement, des emojis ou des éléments de reconnaissance sociale.

7.4.2 Les cerveaux des orateurs et des auditeurs s'alignent pendant la communication

Lorsque **deux personnes échangent** activement, leurs cerveaux montrent **des schémas d'activité synchronisés**, un phénomène connu sous le nom de "**synchronisation neuronale**". Cela facilite la **compréhension mutuelle** et renforce **l'engagement**.

La recherche en neuroimagerie révèle que cette synchronisation est **plus forte lorsque les deux parties sont attentives et engagées**. Elle est aussi influencée par des indices non verbaux comme **le ton de la voix et les gestes**.

Dans les **outils de communication** numérique, **l'absence d'indices non verbaux** peut perturber cette synchronisation naturelle, rendant les interactions moins fluides. Il est essentiel d'atténuer ces effets en fournissant des substituts, comme **des réactions en temps réel ou des options de visio**.

Zoom propose des réactions comme lever la main virtuellement ou applaudir, ce qui recrée en partie l'effet d'une communication physique. Ces éléments permettent aux utilisateurs de s'exprimer sans interrompre la conversation.

- Ajoutez des **fonctionnalités qui facilitent la communication non verbale**. Par exemple, des boutons de réaction ou des outils qui simulent des interactions physiques dans un espace numérique (comme des avatars qui bougent selon les gestes).

7.5 Cohésion et dynamique communautaire
7.5.1 Les normes sociales renforcent la cohésion et l'engagement

Les **normes sociales**, c'est-à-dire les **attentes collectives sur le comportement des membres d'un groupe**, favorisent la **cohésion** en instaurant des règles implicites. Cela peut aussi inciter à un **engagement accru** si les utilisateurs observent que d'autres agissent activement.

Les théories sociologiques soulignent que **l'imitation et la pression sociale** (positive ou négative) renforcent les **comportements conformes**. Cela est particulièrement vrai dans les groupes où les **membres se sentent connectés ou identifient un objectif commun**.

Créer un environnement où les normes sociales **favorisent l'interaction et la participation** peut **stimuler l'activité des utilisateurs, leur fidélité et leur engagement**.

Duolingo utilise des tableaux de classement pour motiver les utilisateurs à apprendre en leur montrant les progrès des autres membres. Cela les incite à se connecter plus souvent pour "ne pas être distancés".

- Intégrez des **mécanismes sociaux comme des classements, des badges ou des récompenses visibles**. Assurez-vous que ces éléments ne génèrent pas de compétition excessive mais renforcent le sentiment d'appartenance.

7.5.2 Les groupes sociaux créent un sens de responsabilité et d'appartenance

L'appartenance à un groupe motive les individus à adopter des **comportements responsables et engageants**. La dynamique de groupe favorise un sentiment de devoir envers les autres membres, ce qui pousse à agir de manière constructive.

Selon la théorie de **l'identification sociale**, les **individus définissent en partie leur identité en fonction de leurs groupes**. Ces groupes peuvent influencer le comportement individuel via des **récompenses psychologiques** comme **le respect et la reconnaissance**.

Les produits ou services qui renforcent l'appartenance à un groupe (communautés en ligne, espaces collaboratifs) **augmentent la rétention et la participation** des utilisateurs.

LinkedIn utilise des fonctionnalités de groupes professionnels où les membres partagent des intérêts communs. Ces espaces favorisent les échanges, renforçant l'attachement à la plateforme.

- Créez des **espaces communautaires ou des groupes autour d'intérêts partagés**. Offrez des outils pour faciliter les interactions, comme des discussions, des événements ou des publications collaboratives.

8 Les émotions et la prise de décision
8.1 Les émotions et la cognition
8.1.1 Les décisions nécessitent des émotions

Les émotions jouent un rôle crucial dans **la prise de décision**. Bien que les décisions puissent sembler rationnelles, elles sont en réalité souvent **influencées par des émotions**, qui agissent comme des **filtres subjectifs**. Les émotions **facilitent l'évaluation des options** en signalant rapidement ce qui est bénéfique ou nuisible, sans nécessiter une réflexion approfondie.

Des recherches en neurosciences, notamment celles d'Antonio Damasio, ont révélé qu'une **personne qui ne peut pas ressentir d'émotions prend des décisions extrêmement difficiles**, voire impossibles. Par exemple, sans émotion, il est **difficile de déterminer une préférence ou une priorité**. Les émotions servent donc de mécanisme adaptatif, permettant aux individus de prendre des décisions efficaces et rapides.

Une **interface qui sollicite des émotions positives rend la navigation plus fluide**, renforce la **confiance** et facilite la **prise de décisions**. Que ce soit pour des transactions, des inscriptions ou des achats, susciter une réponse émotionnelle positive peut grandement améliorer l'expérience utilisateur.

Les plateformes de réservation comme **Airbnb** proposent des images attrayantes, des avis positifs et des recommandations sur mesure. Cela crée des émotions positives, renforçant la confiance et facilitant ainsi la prise de décision des utilisateurs.

- Intégrez des **messages émotionnels et des visuels engageants qui suscitent des sentiments positifs**. Des témoignages d'utilisateurs, des animations subtiles et des recommandations personnalisées peuvent renforcer ces émotions et inciter à l'action.

8.1.2 Les émotions influencent la perception des objectifs et des défis

Les émotions **façonnent la perception des objectifs**. Une émotion positive peut transformer un objectif difficile en défi excitant, tandis qu'une émotion négative peut transformer ce même objectif en une tâche décourageante. Par exemple, un utilisateur enthousiaste voit un défi comme une opportunité, alors qu'un utilisateur anxieux peut le percevoir comme un obstacle insurmontable.

La **théorie des évaluations cognitives** démontre que les émotions jouent un rôle dans **l'appréciation des objectifs**. Les **émotions positives** renforcent la **motivation** et **l'engagement**, tandis que les **émotions négatives** peuvent provoquer la **procrastination** et **l'évitement**.

Une bonne conception UX doit **anticiper et gérer les émotions des utilisateurs**. Proposer des défis atteignables et gratifiants aide à maintenir l'engagement et à renforcer la satisfaction des utilisateurs.

Les applications de fitness comme **Nike Training Club** offrent des programmes progressifs avec des objectifs clairs. Elles présentent les objectifs comme des défis réalisables, ce qui motive l'utilisateur à s'entraîner régulièrement et à progresser.

- Créez des **parcours progressifs avec des objectifs réalistes et des récompenses intermédiaires**. Ajoutez des messages motivants et des visuels qui renforcent une perception positive des défis, tout en soulignant les petits succès.

8.2 Influence des sentiments et des groupes
8.2.1 Les sentiments positifs peuvent conduire au groupthink

Lorsque les **membres d'un groupe partagent des sentiments positifs**, ils ont tendance à **éviter les conflits pour maintenir l'harmonie collective**. Cela peut parfois conduire au "**groupthink**", où les **opinions divergentes sont ignorées** pour favoriser la cohésion du groupe.

Le **phénomène du groupthink**, introduit par Irving Janis, explique que lorsque les utilisateurs cherchent à **maintenir des relations positives au sein d'un groupe**, ils peuvent sacrifier la qualité des décisions critiques. Cette dynamique peut **limiter la créativité et conduire à des décisions moins efficaces**.

Dans les **environnements collaboratifs**, il est essentiel de **garantir une diversité des opinions** pour éviter les décisions biaisées. Une plateforme UX réussie doit permettre des échanges authentiques et variés pour éviter une stagnation créative.

Des outils comme **Trello** permettent aux équipes de partager des idées et des tâches de manière transparente. Des options de vote et des commentaires anonymes assurent que chaque voix est entendue, évitant ainsi le groupthink.

- Implémentez des fonctionnalités favorisant la communication ouverte, telles que des commentaires anonymes, des votes, des brainstormings en temps réel et des forums où chacun peut proposer des idées sans crainte.

8.2.2 Les objectifs difficiles sont perçus comme plus gratifiants

Les **objectifs ambitieux** sont souvent perçus comme des **défis plus gratifiants**. Plus l'effort nécessaire pour atteindre un objectif est important, plus la satisfaction ressentie en l'atteignant est intense. Cela **renforce le sentiment d'accomplissement et de réussite**.

La théorie de la **dissonance cognitive**, développée par Leon Festinger, montre que lorsque les utilisateurs investissent des efforts importants dans une tâche, ils considèrent celle-ci comme plus significative et valable, justifiant ainsi leur investissement.

Encourager des objectifs ambitieux avec des récompenses tangibles peut stimuler l'engagement des utilisateurs et renforcer leur fidélité à long terme, notamment dans des applications éducatives ou de développement personnel.

Les plateformes comme **Duolingo** proposent des défis quotidiens qui demandent des efforts réguliers. Chaque niveau atteint est une source de satisfaction, renforçant l'envie de progresser et de continuer l'apprentissage.

- Proposez des **défis progressifs et atteignables avec des récompenses visuelles ou des badges**. Mettez en avant les progrès et les réussites individuelles, et utilisez des notifications motivantes qui rappellent aux utilisateurs leurs objectifs et leurs accomplissements.

8.3 Imprévu et besoin d'occupation

8.3.1 Les utilisateurs recherchent l'imprévu et les surprises

Les **surprises et les expériences imprévues** sont sources de **dopamine**, une substance chimique qui **stimule la curiosité et l'intérêt**. Cela pousse les utilisateurs à **explorer, découvrir et interagir davantage** avec une plateforme ou un service.

La **boucle de récompense dopaminergique**, présente dans le cerveau humain, est activée lorsque les utilisateurs rencontrent quelque chose d'inattendu ou de nouveau. Cette réponse biologique les incite à rester engagés et curieux, ce qui stimule une interaction continue.

Les éléments imprévus créent une expérience dynamique et engageante. Une interface qui **joue sur la curiosité** des utilisateurs peut augmenter leur temps passé sur la plateforme et améliorer leur fidélité. Toutefois, il est crucial de **maintenir un équilibre pour ne pas provoquer une surcharge cognitive ou une frustration**.

Les plateformes sociales comme **TikTok** proposent un flux constant et imprévisible de vidéos. Les utilisateurs ne savent jamais ce qu'ils vont voir ensuite, ce qui stimule leur curiosité et les incite à passer de longues périodes sur l'application.

- Intégrez des **fonctionnalités qui introduisent des surprises** : des notifications aléatoires, des contenus générés automatiquement, des recommandations personnalisées inattendues, ou des quiz et défis aléatoires. Utilisez des animations et des effets visuels qui renforcent l'effet de surprise tout en gardant l'expérience fluide.

8.3.2 Les utilisateurs sont plus heureux lorsqu'ils sont occupés

Lorsque les utilisateurs sont **activement engagés dans une tâche ou une expérience, ils éprouvent une satisfaction accrue**. Cela est dû au fait que **l'occupation constante maintient l'esprit actif et réduit l'ennui**, ce qui contribue au bien-être émotionnel.

La **théorie de l'occupation cognitive**, issue des études en psychologie positive, montre que l'engagement dans des activités **contribue au bonheur et à la satisfaction personnelle**. Des **tâches variées et stimulantes** permettent aux utilisateurs de se **concentrer pleinement sur l'instant présent**.

Une bonne conception UX doit offrir des **expériences engageantes et interactives** qui captivent l'attention des utilisateurs **sans interruptions ou désintérêt**. Des activités continues et des défis adaptés garantissent une interaction prolongée et une meilleure fidélisation.

Les applications de productivité comme **Trello** et **Notion** permettent aux utilisateurs de s'organiser efficacement. Des tâches et des projets bien définis garantissent une concentration constante et un sentiment d'accomplissement, tout en maintenant une motivation élevée.

- Créez des **expériences interactives avec des tâches progressives et des récompenses visuelles**. Implémentez des éléments de gamification (badges, objectifs quotidiens) qui incitent les utilisateurs à maintenir leur engagement. Des notifications pertinentes et personnalisées peuvent aussi les encourager à rester actifs sur la plateforme.

8.4 Contexte émotionnel et environnement
8.4.1 Les paysages naturels favorisent le bien-être émotionnel

Les **utilisateurs réagissent positivement aux paysages naturels**, qui offrent un **espace visuel et émotionnel apaisant**. Cela peut contribuer au **bien-être mental**, à la **réduction du stress** et à une **meilleure attention cognitive**.

La **restauration de l'attention**, introduite par la **théorie des environnements naturels**, démontre que les utilisateurs **peuvent récupérer leur attention plus rapidement lorsqu'ils interagissent avec des éléments naturels**. Cela diminue la fatigue cognitive et renforce la concentration.

Une conception UX qui **intègre des éléments naturels ou des visuels apaisants** peut renforcer la satisfaction des utilisateurs. Par exemple, les fonds visuels en nature ou les couleurs naturelles peuvent **réduire l'anxiété et améliorer la rétention d'informations**.

Les sites web et les applications de voyage, comme **Booking.com**, utilisent des images de paysages naturels qui créent une atmosphère apaisante et qui incitent les utilisateurs à explorer les offres de manière plus détendue.

- Utilisez **des images et des arrière-plans inspirés de paysages naturels**. Intégrez des animations subtiles et des transitions visuelles fluides qui évoquent la tranquillité. Des **éléments interactifs**, comme des arrière-plans défilants avec des paysages naturels, peuvent aussi améliorer l'expérience utilisateur.

8.4.2 Les perceptions visuelles influencent la confiance initiale

Les **perceptions visuelles** jouent un rôle crucial dans la **formation des premières impressions**. Une conception **soignée et esthétique** inspire une **confiance immédiate**, tandis qu'une **interface désordonnée** peut susciter du **scepticisme**.

Les principes de **la perception visuelle**, basés sur les études de Gestalt, expliquent que les **utilisateurs interprètent rapidement les relations spatiales, les couleurs et les contrastes**. Une interface harmonieuse renforce la crédibilité et la confiance envers la plateforme ou l'entreprise.

Une **interface visuelle propre et bien organisée** aide à établir une **crédibilité instantanée**. Cela peut améliorer la **confiance des utilisateurs**, les **inciter à rester plus longtemps** sur le site et **faciliter les décisions de conversion**, comme l'achat ou l'inscription.

Les plateformes comme **Apple** et **Spotify** sont des exemples parfaits où une conception visuelle soignée renforce la confiance des utilisateurs. Des couleurs harmonieuses, une typographie élégante et des images de haute qualité inspirent une crédibilité instantanée.

- Appliquez des **principes de conception visuelle cohérents** : utilisez des couleurs harmonieuses, des typographies professionnelles et des images de qualité. Mettez l'accent sur l'ordre visuel, l'espace négatif et les contrastes pour guider intuitivement l'œil des utilisateurs et renforcer la confiance.

8.5 Anticipation et émotions futures

Les utilisateurs ont tendance à **croire qu'ils sauront mieux comment ils réagiront émotionnellement dans le futur**. Cependant, leurs prédictions sont souvent inexactes. Cela est dû au biais cognitif appelé **"l'erreur d'affective forecasting"**, où les **émotions anticipées ne correspondent pas toujours aux émotions réelles**.

Les recherches en **psychologie affective** montrent que l'esprit humain est généralement mauvais pour prédire ses propres réactions émotionnelles futures. Cela s'explique par des facteurs tels que la **détérioration des prévisions subjectives**, l'ignorance des circonstances externes et internes, et la **capacité limitée de l'adaptation émotionnelle**.

Une bonne conception UX doit tenir compte du fait que les **utilisateurs ne peuvent pas toujours anticiper leurs réactions émotionnelles**. Par conséquent, une interface qui présente des fonctionnalités ou des choix complexes doit être pensée pour éviter les déceptions et favoriser des décisions intuitives et satisfaisantes. Une meilleure compréhension des émotions réelles des utilisateurs peut améliorer leur engagement et leur fidélisation.

Les utilisateurs qui envisagent d'acheter des produits de bien-être (comme une application de méditation) croient souvent qu'ils se sentiront parfaitement calmes et équilibrés après quelques séances. Pourtant, l'expérience réelle peut être différente, nécessitant du temps et des efforts réels pour des résultats tangibles. Des plateformes comme **Headspace** utilisent des témoignages et des statistiques pour réaligner les attentes des utilisateurs sur des résultats réalistes.

- Proposez **des fonctionnalités et des messages qui réalignent les attentes émotionnelles des utilisateurs avec des résultats réalistes**. Par exemple, utilisez des notifications régulières et progressives, des messages motivants et des évaluations de progrès pour garder une perspective réaliste. Intégrez des éléments visuels et interactifs qui montrent des progrès concrets et tangibles, tout en renforçant un engagement constant et authentique avec la plateforme.

9 Les utilisateurs commettent des erreurs
9.1 Erreurs inévitables et fiabilité des systèmes
9.1.1 Les utilisateurs commettent toujours des erreurs : aucun produit n'est totalement fiable

Les **erreurs sont une composante inévitable des interactions humaines avec les systèmes**. Les utilisateurs peuvent commettre des erreurs en raison de **distractions**, de **fatigue** ou de **décisions prises trop rapidement**. Les systèmes ne peuvent pas être entièrement exempts de ces erreurs, et une conception UX solide doit **anticiper ces comportements** pour assurer une **expérience utilisateur fluide et sans heurts**.

Les principes de la **psychologie cognitive** et des **sciences des systèmes** montrent que les humains sont souvent sujets à des erreurs cognitives. Même une interface parfaite peut échouer si elle ne prend pas en compte les comportements erratiques des utilisateurs. Cela signifie que les concepteurs UX doivent **anticiper les erreurs potentielles et les intégrer directement dans le design des systèmes**.

Une conception qui prend en compte les erreurs aide à réduire la frustration des utilisateurs et augmente leur satisfaction. Des **mécanismes de validation et des messages de confirmation** garantissent que les erreurs sont détectées et corrigées avant qu'elles ne causent des désagréments majeurs. Cela améliore également la **confiance des utilisateurs envers le produit**.

Un site de e-commerce comme **Amazon** utilise des confirmations de paiement et des notifications par e-mail pour prévenir les erreurs transactionnelles. Cela assure que les utilisateurs ne font pas d'achats involontaires et reçoivent des confirmations claires, renforçant ainsi la sécurité et la confiance.

- Implémentez des **mécanismes de validation des actions**, des **boutons d'annulation**, et des **messages contextuels clairs**.
- Proposez des **confirmations visuelles et des étapes de validation**, des **"undo"**, et des éléments interactifs qui permettent aux utilisateurs de vérifier et de confirmer leurs décisions.

9.1.2 Les erreurs sont plus fréquentes sous pression

Les utilisateurs sont plus susceptibles de **commettre des erreurs** lorsqu'ils sont soumis à des **contraintes de temps, au stress ou à une pression cognitive accrue**. Les décisions rapides ou les actions effectuées sous une forte charge mentale peuvent entraîner des erreurs inattendues.

La **loi de Yerkes-Dodson** illustre cette dynamique : elle affirme qu'une **augmentation de la pression cognitive améliore les performances jusqu'à un certain point**, mais qu'au-delà d'un seuil critique, les performances diminuent rapidement. Cela signifie que lorsque la charge cognitive devient trop intense, la capacité des utilisateurs à prendre des décisions précises diminue. La loi de Yerkes-Dodson montre qu'une certaine quantité de stress peut **améliorer la vigilance et la réactivité**, mais un excès de pression réduit l'efficacité cognitive et entraîne des erreurs fréquentes.

Une bonne conception UX doit réduire la pression cognitive excessive et fournir des **aides visuelles et interactives** pour **maintenir la clarté mentale et éviter les erreurs**. Cela garantit une meilleure efficacité et satisfaction des utilisateurs.

Les interfaces de navigation GPS, comme **Google Maps**, utilisent des instructions claires et en temps réel pour éviter les erreurs des conducteurs. Les informations précises et stratégiquement placées assurent une compréhension rapide sans compromettre la sécurité, même sous pression.

- Ajoutez des **instructions étape par étape**, des **aides visuelles en temps réel**, et des **systèmes de confirmation automatique**.
- Intégrez des messages de **rappel et des alertes contextuelles** qui assurent la compréhension et la validation des actions des utilisateurs, tout en minimisant la charge cognitive.

9.2 Types d'erreurs et stratégies d'adaptation
9.2.1 Tous les types d'erreurs ne sont pas nécessairement négatifs

Les erreurs peuvent parfois être des **opportunités précieuses pour apprendre et s'améliorer**. Chaque interaction incorrecte est une **chance pour les utilisateurs de mieux comprendre** une interface, un produit et les mécanismes qu'ils utilisent. Cela peut contribuer à une **meilleure connaissance des systèmes et renforcer leurs compétences**.

Les utilisateurs peuvent utiliser des **stratégies d'adaptation variées pour résoudre des erreurs**, comme l'**exploration systématique**, les **essais et erreurs**, ou une approche plus rigide et contrôlée. Chaque méthode révèle des aspects différents des interactions et aide à affiner la conception des systèmes pour offrir une meilleure expérience.

Une conception UX efficace doit intégrer des **mécanismes interactifs et des éléments pédagogiques** qui transforment les erreurs en apprentissages, permettant ainsi aux utilisateurs d'acquérir des compétences et une meilleure autonomie sur votre produit.

Les outils de diagnostic des logiciels, comme ceux utilisés dans des systèmes comme **Photoshop**, offrent des messages d'erreur explicatifs qui permettent aux utilisateurs de comprendre et de résoudre leurs erreurs, transformant l'erreur initiale en apprentissage utile et en développement des compétences.

- Proposez des **tutoriels interactifs**, des **feedbacks constructifs**, et des **boîtes de dialogue informatives qui expliquent l'erreur et sa résolution**.
- Implémentez des **fonctionnalités interactives** qui encouragent l'**exploration des erreurs en temps réel**, tout en guidant les utilisateurs avec des aides visuelles et des options de correction faciles.

9.2.2 Les utilisateurs utilisent des stratégies variées pour gérer les erreurs

Les utilisateurs font appel à **différentes stratégies pour résoudre des erreurs**, en fonction de **leur expérience, des contraintes de temps et des outils à leur disposition**. Cela peut inclure des approches systématiques ou des tentatives basées sur des essais et des erreurs.

Les stratégies suivantes sont couramment observées :
- **Exploration systématique** : les utilisateurs suivent des étapes structurées et méthodiques pour résoudre un problème.
- **Exploration par essais et erreurs** : une approche où les utilisateurs essaient plusieurs options jusqu'à ce qu'ils trouvent la bonne solution.
- **Exploration rigide et contrôlée** : une méthode stricte avec des procédures fixes et des validations précises.

Ces différentes stratégies influencent la manière dont les utilisateurs interagissent avec les systèmes et perçoivent leurs fonctionnalités.

Une conception UX qui prend en compte ces différentes stratégies aide à créer des interfaces plus **robustes, intuitives et adaptatives**, tout en réduisant les erreurs et en augmentant la satisfaction des utilisateurs.

Dans les systèmes de support client, comme ceux de **Slack**, des workflows automatisés et des options de dépannage guidé permettent aux utilisateurs d'explorer systématiquement les problèmes, d'appliquer des corrections et d'éviter des erreurs fréquentes.

- Proposez des **interfaces avec des étapes guidées**, des **checklists interactives**, et des **options de dépannage automatiques et contextuelles**. Mettez en place des **feedbacks instantanés et des tutoriels adaptatifs**, pour accompagner les utilisateurs et assurer une résolution rapide et efficace des erreurs.

9.3 Gestion des tâches et des défis

Les utilisateurs **sous-estiment souvent la complexité des tâches qu'ils doivent accomplir**. Que ce soit pour remplir un formulaire complexe, créer un rapport, ou même naviguer dans une interface, des erreurs peuvent survenir lorsque la complexité n'est pas anticipée. Cela peut **entraîner du stress, des décisions hâtives et des erreurs non intentionnelles**.

Les **capacitances cognitives humaines** sont limitées. Des tâches exigeantes sollicitent **plusieurs fonctions mentales**, comme **l'attention, la mémoire de travail, et la**

concentration. Lorsque ces fonctions sont mises à l'épreuve sans une conception UX adaptée, cela peut rapidement devenir ingérable. Des études montrent que les utilisateurs peuvent commettre des erreurs lorsqu'ils sont confrontés à des tâches nécessitant une **coordination complexe, des étapes multiples et des décisions rapides**.

Les systèmes UX efficaces utilisent des **mécanismes de simplification et d'assistance** pour découper les tâches en étapes plus gérables, fournir des instructions claires et utiliser des éléments interactifs intuitifs. Cela réduit la charge cognitive et facilite la progression des utilisateurs.

Une conception qui divise les tâches complexes en composants simples améliore la **facilité d'utilisation, réduit les frustrations**, et conduit à une meilleure satisfaction des utilisateurs. Cela permet également une meilleure adoption des systèmes et des outils, tout en renforçant la confiance des utilisateurs envers votre produit.

Les plateformes de gestion de projet comme **Trello** ou **Asana** offrent des tableaux de tâches organisés en colonnes. Chaque élément est facilement déplaçable, et des instructions interactives facilitent l'organisation et l'accomplissement des tâches. Cela aide les équipes à suivre leurs projets sans erreurs, tout en maintenant une communication et une collaboration fluides.

- **Divisez les tâches en étapes progressives** : proposez des interfaces qui décomposent les actions complexes en plusieurs sous-tâches simples et réalisables.
- **Ajoutez des instructions interactives et des outils de guidance visuelle** : utilisez des **checklists, des pop-ups d'assistance, et des tutoriels intégrés**.
- **Fournissez des confirmations et des résumés des actions réalisées** : proposez des systèmes de **validation, des récapitulatifs et des notifications** qui garantissent que l'utilisateur reste sur la bonne voie et évite toute erreur.
- **Intégrez des mécanismes de feedback instantané** : des messages contextuels qui montrent immédiatement où une erreur pourrait survenir et comment la résoudre rapidement.

10 La prise de décision des utilisateurs

10.1 Décisions inconscientes et conscience

10.1.1 Les utilisateurs prennent des décisions principalement de manière inconsciente

Les **décisions des utilisateurs** sont souvent prises de manière **inconsciente, sans intervention directe de leur pensée rationnelle.** Cela signifie que des choix peuvent être influencés par des **sentiments, des schémas comportementaux et des biais cognitifs**. Par exemple, choisir de regarder une série recommandée sans trop réfléchir est une décision guidée par des systèmes algorithmiques et des préférences inconscientes.

Les neurosciences montrent que les décisions inconscientes sont principalement traitées dans des **zones du cerveau comme le système limbique**, qui gère les émotions, et d'autres systèmes cérébraux spécialisés. Le système limbique peut **déterminer des réactions et des préférences avant que le cortex préfrontal, qui gère la pensée rationnelle, ne les valide**. Cela signifie que notre inconscient joue un rôle crucial dans les décisions quotidiennes.

Une compréhension approfondie des décisions inconscientes permet aux concepteurs UX de créer des interfaces qui **anticipent les besoins des utilisateurs sans nécessiter une réflexion consciente**. Cela permet une **meilleure intuitivité, une navigation fluide et une interaction plus naturelle** avec le produit.

Les recommandations personnalisées sur des plateformes comme **Netflix** et **Spotify** exploitent les décisions inconscientes des utilisateurs en proposant des contenus qui correspondent parfaitement aux préférences et aux comportements passés, souvent sans que l'utilisateur y réfléchisse.

- **Utilisez des algorithmes de personnalisation** : proposez des recommandations adaptées basées sur l'historique des interactions des utilisateurs.
- **Exploitez des biais cognitifs positifs** : intégrez des témoignages, des recommandations sociales et des évaluations pour influencer subtilement les décisions des utilisateurs.

10.1.2 L'inconscient identifie les dangers avant la conscience

L'inconscient peut détecter des **menaces ou des opportunités avant même que l'individu ne les perçoive consciemment**. Cela s'explique par des mécanismes cérébraux évolutifs où le **cerveau priorise des décisions rapides pour assurer la survie**.

La recherche en neuroscience cognitive révèle que **l'amygdale**, une structure du cerveau, est **cruciale pour la détection des dangers**. Elle peut réagir à des stimuli menaçants en quelques millisecondes, bien avant la conscience rationnelle, ce qui renforce des décisions rapides et intuitives.

Une conception UX qui prend en compte ces mécanismes peut **proposer des solutions plus sûres et réactives**, en anticipant les besoins et les actions nécessaires pour offrir une meilleure expérience utilisateur.

Les **alerte de sécurité sur les plateformes de commerce en ligne**, comme la validation des transactions en deux étapes, garantissent une meilleure protection des utilisateurs en identifiant rapidement les activités suspectes.

- **Implémentez des notifications et des confirmations de sécurité** pour prévenir les erreurs et renforcer la confiance.
- **Utilisez des tests A/B pour analyser les décisions inconscientes des utilisateurs**, en adaptant les éléments visuels et interactifs de l'interface en conséquence.

10.2 Surcharge cognitive et choix
10.2.1 Les utilisateurs veulent plus d'options et d'informations qu'ils ne peuvent en traiter

Les utilisateurs ont une **tendance naturelle à rechercher beaucoup d'informations et d'options**, pensant qu'une meilleure compréhension des choix disponibles conduit à des décisions plus éclairées. Cependant, cette recherche excessive peut entraîner une **surcharge cognitive, où l'esprit ne peut plus analyser efficacement toutes les options disponibles**.

La **théorie de la charge cognitive**, développée par le psychologue John Sweller, affirme que le cerveau humain possède une **capacité limitée à traiter simultanément les informations complexes**. Lorsque cette capacité est dépassée, cela conduit à des décisions précipitées, des erreurs et une confusion mentale.

Une conception UX bien pensée doit **éviter cette surcharge cognitive**. Des interfaces claires et épurées facilitent les décisions, améliorent l'expérience utilisateur et réduisent le stress mental.

Sur une **boutique e-commerce**, proposer trop de filtres de recherche et trop d'options simultanément peut compliquer le processus d'achat. Une conception soignée qui organise ces filtres en étapes progressives optimise l'expérience utilisateur.

- **Proposez des filtres interactifs progressifs**, où chaque étape simplifie progressivement la décision de l'utilisateur.
- **Affichez uniquement des informations essentielles**, en gardant l'interface propre et minimaliste.

10.2.2   Trop de choix peut paralyser le processus de pensée

Trop d'options peut souvent créer une **paralysie décisionnelle**, où l'utilisateur hésite tellement qu'il finit par ne prendre aucune décision. Cela peut être dû à la peur de regretter un choix ou au sentiment d'être submergé par trop d'éléments à considérer.

La **théorie du choix paradoxal**, développée par Barry Schwartz, explique ce phénomène. Lorsque les utilisateurs sont confrontés à trop de choix, ils sont plus susceptibles de ressentir **de la confusion, de l'anxiété et des regrets**, ce qui réduit leur satisfaction et leur engagement.

Une interface intuitive doit proposer des choix simples et pertinents pour éviter la surcharge cognitive. Cela renforce la **confiance des utilisateurs et améliore leur engagement et leur fidélité**.

Les menus et interfaces des applications de réservation, comme **Airbnb** ou **Booking.com**, sont conçus avec une navigation progressive et des filtres simples pour guider l'utilisateur sans l'encombrer de trop d'options.

- **Proposez une navigation progressive et des filtres clairs** pour éviter la surcharge cognitive.
- **Utilisez des recommandations basées sur les préférences individuelles des utilisateurs**, qui anticipent leurs besoins et facilitent leur expérience.

10.3 Contrôle et perception des décisions

10.3.1 Les utilisateurs considèrent le choix comme un moyen de contrôle

Les utilisateurs voient souvent le processus de **prendre une décision comme une source de contrôle et d'autonomie**. Avoir des options et choisir parmi elles leur donne le sentiment d'exercer une influence directe sur leur environnement et leur vie. Cela renforce leur engagement et leur investissement émotionnel dans l'action qu'ils entreprennent.

La **théorie du contrôle**, en psychologie sociale, explique que lorsque les individus ont l'impression de contrôler leur environnement, ils ressentent une meilleure satisfaction et une meilleure estime de soi. Cela est en grande partie basé sur des besoins fondamentaux de contrôle et d'indépendance qui influencent la prise de décision.

Une bonne conception UX doit offrir des options et des interactions qui **renforcent ce sentiment de contrôle** sans pour autant submerger l'utilisateur. Cela peut entraîner une meilleure satisfaction, une confiance accrue envers le produit et une fidélisation à long terme.

Les **options de personnalisation sur les réseaux sociaux**, comme Facebook ou Instagram, permettent aux utilisateurs d'organiser leur expérience visuelle et sociale, renforçant leur sentiment d'appartenance et d'identité.

- **Proposez des options de personnalisation simples et accessibles**, permettant aux utilisateurs de choisir ce qui leur convient le mieux.
- **Ajoutez des fonctionnalités interactives qui donnent un sentiment de contrôle**, comme des tableaux de bord, des widgets et des filtres adaptatifs.

10.3.2 Les décisions sont influencées davantage par le temps que par l'argent

Lorsqu'un utilisateur prend une décision, il accorde souvent **plus d'importance au temps qu'à l'argent**, en particulier lorsqu'une action nécessite des compromis. Le temps est perçu comme une **ressource non renouvelable**, et perdre du temps peut être ressenti comme une perte plus significative qu'une dépense financière.

La **psychologie économique** révèle que les décisions liées au temps influencent directement le comportement des utilisateurs. Des expériences montrent que **les consommateurs préfèrent souvent payer plus cher pour recevoir une livraison plus rapide** plutôt que d'opter pour une option moins coûteuse nécessitant un délai plus long.

Une conception UX efficace doit offrir des fonctionnalités qui **optimisent et valorisent le temps des utilisateurs**, tout en facilitant des interactions rapides et efficaces. Cela peut améliorer l'expérience utilisateur, renforcer la fidélité et augmenter le taux de conversion.

Les options de livraison express sur les plateformes de e-commerce, comme **Amazon**, démontrent cette préférence. Les utilisateurs sont prêts à payer plus cher pour recevoir leurs produits beaucoup plus rapidement.

- **Proposez des options accélérées pour les transactions et la livraison**, en offrant des choix clairs pour les délais.
- **Optimisez la navigation et l'interface utilisateur** pour rendre l'accès aux informations et fonctionnalités aussi fluide et rapide que possible.

10.4 Dynamique collective et prise de décision

Les décisions prises par un groupe permettent souvent une meilleure répartition des compétences, des expériences et des perspectives diverses. Cela peut mener à des **résolutions plus équilibrées et complètes**, basées sur une meilleure compréhension des problèmes et des solutions potentielles.

Les **effets de la dynamique collective**, en psychologie sociale et en sciences de groupe, montrent que les groupes peuvent générer des idées créatives et des solutions efficaces grâce à la **diversité des points de vue et des expertises individuelles**. Cette dynamique favorise également une meilleure adhésion aux décisions prises, puisque chaque membre a activement participé à leur élaboration.

Une interface UX qui **facilite la collaboration et le partage des idées** peut renforcer **l'engagement** des utilisateurs, **leur fidélité** au produit et améliorer **la qualité des résultats collectivement atteints**. Cela peut être particulièrement important pour des outils de collaboration et des plateformes communautaires.

Les plateformes comme **Google Workspace, Trello** ou **Miro** sont conçues pour permettre une meilleure collaboration en équipe, où chaque membre contribue, échange des idées et prend des décisions conjointement.

- **Proposez des outils collaboratifs intégrés** qui facilitent la communication et l'échange d'idées.
- **Ajoutez des fonctionnalités interactives** permettant des brainstormings, des votes et des décisions de groupe efficaces, favorisant ainsi la collaboration.

10.5 Valeurs, habitudes et délégation
10.5.1 Les décisions peuvent être basées sur des valeurs ou des habitudes, rarement les deux en même temps

Les décisions des utilisateurs sont souvent influencées soit par leurs **valeurs personnelles, soit par leurs schémas habituels**, rarement les deux simultanément. Par exemple, une personne qui valorise la **santé et le bien-être** prendra des décisions différentes de celle guidée par des schémas établis par des **habitudes quotidiennes**.

La **psychologie des valeurs**, en interaction avec la théorie des **schémas cognitifs**, montre que des valeurs profondes déterminent les choix fondamentaux, tandis que les schémas habituels garantissent des décisions plus rapides mais moins réfléchies.

Une compréhension des valeurs et des schémas habituels des utilisateurs permet aux concepteurs de créer des expériences qui **alignent parfaitement les décisions des utilisateurs avec leurs objectifs et préférences**, ce qui améliore la satisfaction et l'engagement.

Les campagnes marketing sur des plateformes comme **Nike** exploitent des valeurs liées à la performance et au dépassement de soi, tandis que les fonctionnalités de réseaux sociaux exploitent des schémas habituels comme l'interaction instantanée.

- **Créez des messages et des contenus qui résonnent avec les valeurs fondamentales** des utilisateurs.
- **Proposez des schémas d'actions fréquents et intuitifs**, en adaptant l'interface pour soutenir les comportements habituels.

10.5.2 Lorsque l'incertitude est présente, les utilisateurs délèguent leurs décisions

Face à des situations complexes ou incertaines, les utilisateurs sont plus susceptibles de **transférer la responsabilité d'une décision à d'autres**, que ce soit des amis, des experts, ou des systèmes automatisés. Cela peut être une stratégie efficace pour **minimiser le risque et réduire l'anxiété décisionnelle**.

La **théorie du transfert de responsabilité**, issue des sciences sociales, montre que déléguer une décision permet une **meilleure évaluation des risques et un engagement émotionnel réduit**. Cela permet également une meilleure adhésion aux décisions prises.

Une interface bien conçue doit offrir des **mécanismes qui facilitent et sécurisent cette délégation**, tout en assurant une interaction fluide et sans friction, en créant des relations de confiance avec l'utilisateur.

Les services de recommandations sur **Netflix** ou les avis en ligne, où les décisions sont influencées par des algorithmes et des évaluations externes, montrent comment les utilisateurs délèguent leurs choix à des systèmes et des communautés.

- **Implémentez des systèmes de recommandations** basés sur des algorithmes fiables et des avis d'utilisateurs authentiques.
- **Proposez des fonctionnalités sociales et des interactions qui facilitent les recommandations communautaires**, renforçant ainsi la confiance et l'engagement des utilisateurs.

Références

Bandura, A. (1977). Social Learning Theory. Prentice Hall.

Damasio, A. R. (1994). Descartes' Error: Emotion, Reason, and the Human Brain. G.P. Putnam's Sons.

Deci, E. L., & Ryan, R. M. (1985). Intrinsic Motivation and Self-Determination in Human Behavior. Springer Science & Business Media.

Duhigg, C. (2012). The Power of Habit: Why We Do What We Do in Life and Business. Random House Trade Paperbacks.

Ekman, P. (2003). Emotions Revealed: Recognizing Faces and Feelings to Improve Communication and Emotional Life. Times Books.

Fredrickson, B. L. (2001). Positivity: Groundbreaking Research to Release Your Inner Optimist and Thrive. Crown Publishing Group.

Fredrickson, B. L. (2001). The Role of Positive Emotions in Positive Psychology: The Broaden-and-Build Theory of Positive Emotions. American Psychologist, 56(3), 218-226.

Fogg, B. J. (2003). Persuasive Technology: Using Computers to Change What We Think and Do. Morgan Kaufmann.

Goleman, D. (2006). Social Intelligence: The New Science of Human Relationships. Bantam Books.

Kahneman, D. (2011). Thinking, Fast and Slow. Farrar, Straus and Giroux.

Nielsen, J., & Norman, D. A. (2000). Usability Engineering. Morgan Kaufmann.

Nielsen Norman Group. (s.d.). Usability Research and Articles. Consulté sur https://www.nngroup.com.

Norman, D. A. (1988). The Design of Everyday Things. Basic Books.

Psychology Today. (s.d.). Cognitive Biases and Decision-Making. Consulté sur https://www.psychologytoday.com.

Reason, J. (1990). Human Error. Cambridge University Press.

Smashing Magazine. (s.d.). Psychology in UX Design. Consulté sur https://www.smashingmagazine.com.

Thaler, R. H., & Sunstein, C. R. (2008). Nudge: Improving Decisions About Health, Wealth, and Happiness. Penguin Books.

Tononi, G., & Koch, C. (2008). The Neural Correlates of Consciousness: An Update. Annals of the New York Academy of Sciences, 1124(1), 239-261.

UX Collective. (s.d.). Designing for Engagement: How Psychology Influences UX. Consulté sur https://uxdesign.cc.

Weinschenk, S. M. (2011). 100 Things Every Designer Needs to Know About People. New Riders.

Yerkes, R. M., & Dodson, J. D. (1908). The Relation of Strength of Stimulus to Rapidity of Habit-Formation. Journal of Comparative Neurology and Psychology, 18(5), 459-482.

Mentions légales

© 2024 Célia Tavman. Tous droits réservés.
Titre de l'ouvrage : Principes et méthodes de l'expérience utilisateur : Guide essentiel de l'UX.
Première édition : Décembre 2024.
ISBN : 979-8-30-358257-6

Aucune partie de ce livre ne peut être reproduite, stockée dans un système de récupération d'informations, ou transmise sous quelque forme que ce soit, par des moyens électroniques ou mécaniques, y compris la photocopie, l'enregistrement ou tout autre système de stockage d'informations, sans l'autorisation écrite préalable de l'auteur, sauf dans les cas prévus par la législation en vigueur.

Les informations contenues dans cet ouvrage sont fournies à titre informatif et pédagogique. Bien que tous les efforts aient été faits pour garantir leur exactitude, l'auteur et l'éditeur déclinent toute responsabilité pour les actions entreprises sur la base des informations présentées dans ce livre. L'utilisation des contenus est laissée à la discrétion et à la responsabilité du lecteur.

www.ingramcontent.com/pod-product-compliance
Lightning Source LLC
Chambersburg PA
CBHW062333220526

45469CB00008B/2698